FREUDE AM REISEN

IBIZA
FORMENTERA

Autoren:
Roland Mischke
Berthold Schwarz

Ein aktuelles Reisehandbuch mit 56 Abbildungen und 7 Kartenausschnitten

NELLES

KARTENLEGENDE / IMPRESSUM

Liebe Leserin, lieber Leser,

Aktualität wird in der Nelles-Reihe groß geschrieben. Unsere Korrespondenten dokumentieren laufend die Veränderungen in der weltweiten Reiseszene und unsere Kartografen berichtigen ständig die auf den Text abgestimmten Karten. Da aber die Welt des Tourismus schnelllebig ist, können wir für den Inhalt unserer Bücher keine Haftung übernehmen (alle Angaben ohne Gewähr). Wir freuen uns über jeden Korrekturhinweis! Unsere Adresse: Nelles Verlag, Schleißheimer Str. 371 b, D-80935 München, Tel. (0 89) 35 71 94-0, Fax (0 89) 35 71 94 30, E-Mail: Nelles.Verlag@t-online.de, Internet: www.Nelles-Verlag.de

LEGENDE

IBIZA – FORMENTERA
© Nelles Verlag GmbH, 80935 München
All rights reserved

Erste Auflage 2001
ISBN 3-88618-878-7 (Nelles Plus)
ISBN 3-88618-857-4 (Nelles Pocket)
Printed in Slovenia

Herausgeber:	Günter Nelles	**Druck:**	Gorenjski Tisk
Chefredakteur:	Berthold Schwarz	**Lithos:**	Priegnitz, München
Bildredaktion:	K. Bärmann-Thümmel	**Kartographie:**	Nelles Verlag GmbH

Reproduktionen, auch auszugsweise, nur mit schriftlicher Genehmigung des Nelles Verlags
- S01 -

IBIZA

INHALTSVERZEICHNIS

Kartenlegende, Impressum 2
Kartenverzeichnis 7

GESCHICHTE

Geschichte im Überblick. 8
Land und Leute 10

REISEN AUF IBIZA

EIVISSA (IBIZA-STADT) 17
Neustadt und La Marina 18
Sa Penya 20
Dalt Vila. 21
Marina d'Es Botafoc 26
Puig des Molins 27
Platja d'En Bossa 27
INFO: Hotels, Restaurants, Sehenswürdigkeiten 28

SÜDEN UND WESTEN. 31
Südküste. 31
Sant Josep 33
Es Vedra 34
Westküste 36
Sant Antoni 38
Santa Agnès 42
Sant Rafel 43
INFO: Hotels, Restaurants, Sehenswürdigkeiten 44

NORDEN UND OSTEN. 47
Norden 48
Portinatx 51
Ostküste 52
Santa Eulària 57
Talamanca 60
INFO: Hotels, Restaurants, Sehenswürdigkeiten 60

FORMENTERA. 63
INFO: Hotels, Restaurants, Sehenswürdigkeiten 69

FEATURES

Aktiv im Urlaub 72
Nachtleben. 76
Hippiemärkte 78

INHALTSVERZEICHNIS

Ibizenkische Küche 80
Flora und Fauna 84

REISEINFORMATIONEN

Reisevorbereitungen 86
    Einreise 86
    Anreise mit dem Flugzeug 86
    Anreise mit dem Zug 86
    Anreise mit dem Auto 86
    Anreise mit dem Schiff 86
    Geldumtausch 86
    Spanische Fremdenverkehrsämter 87
    Diplomatische Vertretungen auf Ibiza 87
    Spanische Botschaften 87
    Klima / Reisezeit 87
    Kleidung / Ausrüstung 87
Reisen auf den Pityusen 88
Praktische Tipps von A bis Z 89
    Apotheken 89
    Ärztliche Versorgung 89
    Camping 89
    Elektrizität 89
    Feiertage 89
    Fernsehen und Radio 89
    FKK 89
    Fotografieren 90
    Gesundheit 90
    Haustiere 90
    Internet-Cafés / Internet-Adressen 90
    Kinder 90
    Kriminalität 90
    Notruf 91
    Öffnungszeiten 91
    Post und Porto 91
    Presse 91
    Sprache und Ortsbezeichnungen 91
    Telefon 92
    Trinkgeld 92
    Unterkunft 92
    Zeit 93
    Zoll 93
Fotografen 93

Kleiner Sprachführer 94

Register 95

KARTENVERZEICHNIS

KARTENVERZEICHNIS

Eivissa Altstadt. 20-21
Eivissa 27
Süden und Westen. 34-35
Sant Antoni. 40
Norden und Osten 52-53
Santa Eulària 59
Formentera. 65

GESCHICHTE IM ÜBERBLICK

Frühzeit
Um 2000 v. Chr. Frühester Besiedlungsbeleg auf den *Pityusen* (Ibiza und Formentera) ist das megalithische Dolmengrab von Ca na Costa.
Um 700 v. Chr. Die Karthager siedeln sich bei Sa Caleta im Südwesten von Ibiza an und richten sich auf Dauer ein, weil die Insel strategisch günstig gelegen ist.

Die Karthager auf Ibiza
654 v. Chr. Zu Ehren ihres Gottes Bes gründen die Karthager *Ibosim* – „Insel des Bes" –, das heutige Eivissa; Salzhandel beschert der Insel Reichtum.
5. Jh. v. Chr. Die Karthager besiedeln das Inselinnere, betreiben Landwirtschaft, Eisen- und Bleiverhüttung.
247 v. Chr. Hannibal, der legendäre Feldherr Karthagos, soll auf einem Eiland vor Ibiza geboren worden sein.
218-201 v. Chr. Im Zweiten Punischen Krieg werden die Karthager von den Römern geschlagen, punische Kultur prägt aber weiterhin die Pityusen.

Die Römer kommen
123 v. Chr. Die Römer erobern und kolonisieren die gesamten Balearen; aus Ibosim wird Ebusus.
70 n. Chr. Die Inseln werden ins Römische Reich eingegliedert, ein Wirtschaftsaufschwung setzt ein.
380 n. Chr. Das Christentum wird als römische Staatsreligion auch offizielle Glaubensrichtung auf den Pityusen.
426 n. Chr. Vandalen erobern die Pityusen.
5./6. Jh. Nach Dauerangriffen der Germanen (West- und Ostgoten sowie Vandalen aus Nordafrika) zerfällt das römische Imperium in ein West- und Ostreich. Die Inseln kommen 535 nominell unter die Herrschaft von Byzanz (Ostrom).
8./9. Jh. Die Pityusen sind zwei Jahrhunderte lang Spielball verschiedener Okkupanten. Invasoren sind unter anderem Araber, Franken und Normannen. Keinem Eroberer gelingt es jedoch zunächst, sich dauerhaft auf Ibiza festzusetzen.

Unter dem Banner des Islam
902 Mauren unter Führung des Kalifen von Cordoba erobern die Insel Ibiza, nennen den Hauptort Medina Iabissa, verbreiten den Islam und führen Bewässerungstechnik und Terrassierung ein.
Ab 1076 operieren muslimische Piraten von den Balearen aus.
1114 Obgleich Katalanen und Pisaner 2 Jahre lang Mallorca besetzen, bleiben die Pityusen maurische Piratenstützpunkte.

Katalanische Rückeroberung
1235 Im Zuge der „Reconquista" nehmen katalanische Ritter die Inseln ein und vertreiben die Muslime. Alle Orte werden nach christlichen Heiligen benannt und Katalan zur Amtssprache.

Die Karthager brachten ihre Göttin Tanit mit nach Ibiza.

1276 Gründung des Königreichs Mallorca, auch Ibiza und Formentera werden angeschlossen.
1299 Durch die Gründung der „Universidad" erhalten die Balearen einen eigenständigen Verwaltungsapparat.
1349 Jaume III. von Mallorca wird im Kampf mit Truppen vom spanischen Festland getötet, das balearische Königreich fällt dem König von Aragón zu und wird mit schweren Steuerlasten belegt; Wirtschaftskrise auf den Pityusen.

GESCHICHTE IM ÜBERBLICK

Die Pityusen unter spanischer Herrschaft

15./16. Jh. Während ab 1486 auf dem Festland das geeinte Spanien entsteht, das nach der Entdeckung Amerikas zur Weltmacht wird, bleiben Ibiza und Formentera wirtschaftlich rückständig. Unter der Bevölkerung herrscht große Armut. Durch Übergriffe von Seeräubern verliert Ibiza viele Menschen, Formentera entvölkert sich gar.

1550 ordnet Karl V. die Befestigung der Küsten und Städte an: Eivissa erhält ab 1554 eine Stadtmauer; an den Küsten werden Wachtürme errichtet.

Das Portal de Ses Taules ist das Haupttor zur UNESCO-geschützten Oberstadt Eivissas.

17.-19. Jh. Ausgestattet mit einem Freibrief des spanischen Königs, gehen nun ibizenkische Korsaren im Mittelmeer auf Kaperfahrt.

1701 Im Spanischen Erbfolgekrieg stehen die Pityusen auf Seiten der Habsburger und verlieren mit ihnen gegen Kastilien, dessen Soldaten die Inseln besetzen und dem Haus Bourbon zuschlagen.

1717 Die Salinen werden von der kastilischen Inselverwaltung ausgebeutet, die Pityusen von einer Elendswelle heimgesucht.

1726 Formentera ist wieder dauerhaft bewohnt.

1782 Eivissa erhält Stadtrechte und wird Bistum.

1867 Der habsburgische Erzherzog Ludwig Salvator kommt als erster „Tourist" auf die Balearen und schreibt ein mehrbändiges Werk über die Inseln, ihre Bewohner und Bräuche.

1878 Zwischen Ibiza und Barcelona gibt es eine regelmäßige Dampfschiffverbindung.

Das 20. Jahrhundert

Ab 1930 Europas Künstler entdecken die Pityusen, darunter die Schriftsteller Walter Benjamin und Raoul Hausmann. 1933 werden auf Ibiza die ersten Hotels eröffnet.

1936-1939 Im Spanischen Bürgerkrieg übernehmen Francos klerikal-faschistische Falange-Truppen Ibiza; Formentera wird zur Gefangeneninsel. Die katalanische Sprache bleibt verboten.

1958 Mit der Eröffnung des Flughafens von Eivissa und den ersten eintreffenden Chartermaschinen beginnt die Ära des Massentourismus.

Ab 1968 Die globale Hippie-Bewegung „erobert" die beiden Inseln.

1983 Die Balearen werden zur Autonomen Region und Katalanisch wieder offizielle Landessprache.

1986 Spanien wird Mitglied der EU, der Balearen-Tourismus wird forciert. Ibiza erfährt einen Bau-Boom, auf Formentera kann der Bau von Großhotels gerade noch verhindert werden.

Ab 1990 Der Massentourismus erlebt eine Krise, die Tourismusindustrie denkt um. Mittels einer groß angelegten Qualitätsoffensive, flankiert von einer Image-Kampagne mit dem Motto „Ibiza ist anders", gehen die Pityusen Mitte der neunziger Jahre gestärkt aus der Krise hervor.

1999 Eine neue Balearenregierung, eine sozialdemokratisch-grüne Koalition löst – entgegen dem Trend auf dem Festland – die Jahrzehnte lang regierende Partido Popular, Spaniens bürgerlich-konservative Partei, ab. Sie verfügt einen drastischen Baustopp für Objekte in der 500-m-Küstenzone und erlässt strikte Umweltgesetze. 1,6 Millionen Touristen, darunter 438 000 Deutsche und 711 000 Briten, besuchen die Pityusen.

2000 1,9 Mio. machen Urlaub auf den beiden Inseln.

2001 Die baskische Untergrundorganisation ETA droht mit Bombenattentaten auf touristische Ziele auch auf den Balearen.

LAND UND LEUTE

LAND UND LEUTE

Ibiza und Formentera, die beiden südlichsten Inseln der Balearen, werden auch *Pityusen* genannt. Diese Bezeichnung stammt von den seefahrenden Griechen und bedeutet „die Pinienreichen"; die immergrünen Aleppokiefern gedeihen dort bis heute wie auch der Phönizische Wacholder. Fruchtbäume prägen die Kulturlandschaft; sie liefern Oliven, Mandeln, Feigen, Orangen, Zitronen und Johannisbrot. Brachland ist meist von großbuschiger Macchia oder Garigue-Kleingestrüpp bedeckt. Die ökologisch wertvollen Seegraswiesen vor Ibiza und Formentera, die das Meer mit Sauerstoff anreichern, gehören zum UNESCO-Weltnaturerbe.

Ibiza ist mit einer Gesamtfläche von 541 km^2 sechs Mal größer als die Nordseeinsel Sylt, bei 41 km Länge und durchschnittlich 20 km Breite. Formentera misst dagegen nur 82 km^2. Im Bereich der drei Seemeilen zwischen beiden Inseln liegen viele kleine, unbewohnte Eilande. Geologisch betrachtet sind alle diese Inseln, auch die beiden großen, nur die Spitzen eines unterseeischen Kalkgebirges. Dabei ist Formentera relativ karg, flach und regenarm, hat aber einen langen Sandstrand; Ibiza dagegen zeigt sich hügelig und grüner und weist, abgesehen von den ausgedehnten sandigen Stränden im Süden, überwiegend kleinere Strandbuchten (*calas*) auf – davon allerdings mehr als 50!

Die Meerwassertemperatur steigt von 15 °C im April, in dem die Saison beginnt, bis auf 25 °C im Hochsommer. Im Mai reift schon das erste Korn auf den Feldern, ab Juni wird es eingeholt. Manche Bauern spannen zur Ernte noch Pferde ein und werfen in traditioneller Weise das gedroschene Getreide in den Wind, um die Spreu vom Weizen zu trennen. Im Frühsommer liegt der Duft von Rosmarin und Thymian wie ein betörendes Parfüm über Teilen der Insel.

Der ibizenkische Sommer ist lang, aber nie richtig unangenehm heiß; das Klima auf den Pityusen ist ausgeglichener als auf Mallorca oder Menorca. Nur selten steigt das Thermometer über die 30-Grad-Grenze, oft weht eine frische Brise von der See her.

Im Oktober geht die Strandsaison zu Ende, und ab November streifen kühle Südwest-Winde die Inseln. Doch an windgeschützten Strandabschnitten kann man bei 21 °C Wassertemperatur immer noch baden, was vor allem die Mittel- und Nordeuropäer gern tun, weniger die Einheimischen. Der Oktober hat zwar im Durchschnitt 8 Regentage, doch mit kontinentaleuropäischen Wassergüssen ist das, was hier feucht vom Himmel kommt, kaum zu vergleichen. Der „Winter" beschert bis Februar Tagesdurchschnittstemperaturen um 15 °C (nachts um 8 °C). Dicke Mäntel brauchen in dieser Zeit nur die Insulaner. Die Durchschnittszahl der täglichen Sonnenstunden liegt im Winter bei fünf und in den Sommermonaten bei zehn – das sind Traumwerte, noch besser als auf Mallorca.

Mallorca und Menorca sind nahe, aber: „Mallorca ist für uns bereits wie ein anderer Kontinent", erklärt Jorge Alonso, Chef des Tourismusverbands von Ibiza. „Und Europa erscheint uns wie ein anderer Planet. Wenn wir aufs spanische Festland reisen, sagen wir: Wir gehen nach Europa. Wollen wir nach Deutschland, ist das gerade so, als planten wir eine Reise zum Mars. Amerika und Australien müssen in anderen Sonnensystemen liegen."

Auf den Pityusen wird heute die eigene Sprache wieder gepflegt: *Eivissenc*, wie das Mallorquinische und das Menorquinische ein Dialekt des Katalanischen, einer eigenständigen romanischen Spra-

Vorherige Seite: Die mythenumrankten Felseninseln Es Vedrà und Es Vedranell mit dem Torre del Pirata. Links: Reichgeschmückte Trachten tragen die Ibizenkerinnen nur noch bei Folkloreveranstaltungen (Sant Miguel de Balansat).

LAND UND LEUTE

che. Bis zu Francos Tod 1975 war sie verboten, obwohl die spanische Amtssprache, das Kastilische, von älteren Insulanern oft nicht verstanden wurde. Den Einheimischen ist ihre Sprache heilig: Sie verbindet die Generationen miteinander und schützt vor Überfremdung. „Menja fort, caga fort i no tenguis por la mort! – Iss gut, geh gut zu Stuhl, und du brauchst vor dem Tod keine Angst zu haben!" Seit 1991 gelten auf den Balearen offiziell nur noch die katalanischen Bezeichnungen für Orte, Straßen und Namen. Die Hauptstadt heißt demnach wieder Eivissa und nicht mehr wie früher Ibiza.

Die Ibizenker sind die etwas anderen Spanier – sie stammen u. a. von Phöniziern, Römern, Arabern, Berbern, Juden und Katalanen ab. Als Insulaner erlebten sie Fremde oft genug als Bedrohung: Die Piratenplage war an den Küsten über mehr als tausend Jahre eine permanente Gefahr; ganze Dörfer wurden von Seeräubern geplündert, Bewohner getötet, Familien zerrissen, Frauen und Kinder verschleppt. Allerdings besserten die Ibizenker selbst auch gelegentlich ihr Einkommen durch Freibeuterei auf. Die längste Zeit in der Geschichte der niederschlagsarmen Pityusen war das Leben ihrer Bewohner hart, vor allem, da die Mehrheit vorwiegend von der Landwirtschaft lebte und Formentera beispielsweise nur 384 mm Regen pro Jahr erhält. Fischfang diente deshalb als zweitwichtigste Ernährungsquelle.

Die Einheimischen sind zwar eher zurückhaltend, dabei aber durchaus tolerant. Eile oder Drängeln gelten als unhöflich und unangenehme Wahrheiten werden nicht unverblümt formuliert, sondern verklausuliert mitgeteilt. Heute leben rund 85 000 Menschen auf den beiden Inseln, allerdings sind nur etwa 35 000 von ihnen hier geboren, die anderen sind Spanier von der Iberischen Halbinsel oder Residenten aus anderen europäischen Ländern, die es in die Sonne zog.

Heute bilden die Balearen eine der wohlhabendsten Regionen Spaniens – die Touristen waren die ersten „Eindringlinge", die den Insulanern wirtschaftliches Glück gebracht haben. Zugleich hat der Fremdenverkehr einen sozialen Umbau auf den Pityusen bewirkt: Von der bäuerlich geprägten zur offenen Gesellschaft, die sich der Moderne angewandelt hat.

Trotz aller rasanten Veränderungen im Leben der Ibizenkos und Formenteros haben sich Jahrtausende alte Bräuche und Traditionen erhalten, deren Entstehung in die punische, römische oder arabische Epoche zurück reichen. Die eivissenkischen Flachdach-Bauernhäuser (*fincas*) etwa, bei denen sich mehrere kubische Gebäudeteile um einen großen Wohnraum gruppieren, erinnern an den Baustil der Berber Nordafrikas.

Oben: Solche Wehrtürme wie dieser an der Punta de sa Torre sollten die Bewohner Ibizas vor Piratenüberfällen warnen und schützen. Rechts: In den Salinen wird schon seit dem Altertum Salz gewonnen und exportiert.

Trachten werden nur noch zu Folkloreabenden getragen; dann erklingt auch die orientalisch anmutende Musik mit Flöte, Trommel und Kastagnetten, man tanzt und singt die alten *gaites*-Lieder. Nachahmer der gefürchteten *honderos* (*foners*), der Steinschleuderer, die einst als Söldner u. a. in den Heerscharen Hannibals gegen die Römer kämpften, treten öfter bei sportlichen Wettbewerben auf. Die alten Griechen nannten sie *balearides*, daher der Name des Archipels. 218 v. Chr. zog der karthagische Feldherr mit seinen Kriegselefanten, Soldaten und Hunderte von mit Steinschleudern (*bassetja*) bewaffneten balearischen „Artilleristen" über die Alpen. Letztendlich siegten jedoch die Römer; sie übernahmen nach dem Fall Karthagos Ibiza und damit auch die großen Salinen im Süden, die seit über 2000 Jahren Gewinn abwerfen.

Dass die Inseln zum Urlaubsdorado wurden, verdanken sie der Flüsterpropaganda der Hippies, die in den 1960er Jahren als Tourismuspioniere auf die Inseln übersetzten. Die Insulaner wurden von dieser Invasion überrascht, blieben aber ausgesprochen tolerant den Aussteigern gegenüber. So wuchsen im Lauf der Zeit auf Formentera und im Hinterland von Ibiza flippige Blumenkinder und Bauern, Hirten, Handwerker und Fischer zu einer bunten Gemeinschaft zusammen.

Ökonomisches Rückgrat der Pityusen ist längst der pauschal gebuchte Strandtourismus, wobei die „Partyinsel" Ibiza mittlerweile größere Anstrengungen unternimmt, seine Hotels und sein „Sangria-und-Disko"-Image aufzupolieren – schließlich hat es ja auch viel Kultur zu bieten: Eivissas Altstadt steht auf der UNESCO-Liste, seine Museen bewahren einzigartige Funde aus der Karthagerzeit und seine Modeschöpfer, Maler und Kunsthandwerker sind ausgesprochen kreativ. Formentera hingegen, die kleine flughafenlose Insel mit ihrem rauen ländlichen Charme, zieht traditionell eher Individualisten und Strandurlauber an, die Ruhe, Natur und Überschaubarkeit schätzen und morgens statt in eine Tagesdisko lieber zum Frühstück gehen.

EIVISSA

EIVISSA (IBIZA-STADT)

NEUSTADT
LA MARINA
SA PENYA
DALT VILA
MARINA D'ES BOTAFOC
PUIG DES MOLINS
PLATJA D'EN BOSSA

**EIVISSA

Geschichte

Karthager aus Nordafrika gründeten **Eivissa um 654 v. Chr. Sie glaubten an die Göttin Tinnit, woraus auf Ibiza *Tanit* wurde – die Schutzherrin der Insel. Für die Karthager war sie als Gefährtin des Hauptgottes Baal Göttin der Fruchtbarkeit und des Todes zugleich; sie opferten ihr sogar Kinder.

218-201 v. Chr. kam es zum Zweiten Punischen Krieg; das Gemetzel endete mit dem Sieg der Römer. Die geschlagenen Karthager mussten ihre Stützpunkte auf *Ibosim* (Insel des Bes, wie sie Ibiza zu Ehren ihres Gottes Bes nannten), aufgeben und abziehen. Die Römer rückten nach; 123 v. Chr. kolonisierten sie die Balearen und machten aus Ibosim das latinisierte *Ebusus*. 70 n. Chr. begann auch für die Pityusen eine neue Ära: Unter Kaiser Vespasian erhielt Ebusus ein eigenes Münzrecht zugesprochen. Am Rand des heutigen Eivissa wurden Blei und auch

Vorherige Seiten: Die Platja de Ses Salines (Platja de Migjorn) ist einer der schönsten Strände Ibizas und „in" bei allen, die sehen und gesehen werden wollen. Links: Ein gepflegtes Abendessen in den Altstadtgassen rundet den Besuch Eivissas ab.

Salz gewonnen, die Salinen nahe der Platja d'Es Cavallet erzählen davon. Der römische Kaiser Marcus Aurelius ließ 283 n. Chr. an der Stelle, an der heute die Kathedrale steht, einen Merkur-Tempel errichten.

Die Stadt Eivissa hat unzählige Plünderungen erlebt und musste Jahrhunderte lang Raubzügen standhalten. Alle Eroberer der Insel – von den Vandalen (5./6. Jh.) über Byzantiner, Araber, Franken und Normannen (8. Jh.) bis zu den Mauren (10.-13. Jh.) – setzten sich hier fest. Die muslimische Zeit war eine gute Periode für die Stadt. 902 wurde sie als *Medina Yabisah* befestigt, erhielt einen dreifachen Mauerring und ein verteidigungsstrategisch sinnvolles Gassennetz.

Im Zuge der *reconquista*, als spanische Ritter die Muslime auf der Iberischen Halbinsel bedrängten, wurde Eivissa 1235 von einem christlichen Katalanenheer eingenommen und zunächst aufgewertet, im 14. Jh. aber vom aragonischen Königshaus nur noch ausgepresst. Die Stadt verkam, wurde von türkischen und nordafrikanischen Piraten heimgesucht, die oft mit großer Grausamkeit in ihren Gassen wüteten. Erst im 16. Jh. ordnete Karl V. die bessere Befestigung Eivissas an, die Stadt erhielt eine stärkere Mauer mit Geschützbastionen und war nun besser vor Überfällen geschützt. Um 1652

NEUSTADT

zählte sie etwa 1000 Einwohner, von denen aber über die Hälfte in diesem Jahr von der Pest hinweggerafft wurde. Unter Felipe V., der ab 1717 Spanien regiert, kam es abermals zu einseitiger wirtschaftlicher Ausbeutung und damit einhergehendem Verfall. Unter den spanischen Herrschern hat Eivissa nie einen bevorzugten Platz eingenommen, für die Militärs war die Stadt nur ein strategischer Standort.

Im Jahr 1782 erhob dann Papst Pius VI. Eivissa zur Bischofsstadt und das Stadtrecht wurde erteilt. Seit Ende des 19. Jh. erhielt Eivissa durch Neu-, An- und Umbauten allmählich ihr heutiges Bild. Heute wohnen 42 000 Menschen in der Stadt, die erst seit 1991 wieder offiziell ihren katalanischen Namen *Eivissa* trägt.

Oben: Sorgfältig restaurierte Patrizierhäuser aus dem 19. Jh. säumen den Passeig Vara de Rey. Rechts: Ibiza hat mit der sogenannten Adlib-Mode einen eigenen Modestil entwickelt und weltweit bekannt gemacht.

*NEUSTADT UND *LA MARINA

Am Fuß der befestigten Altstadt erstrecken sich das alte Hafenviertel La Marina und das Fischerviertel Sa Penya, die zusammen die zum Bummeln einladende historische Unterstadt bilden.

Westlich von La Marina säumen pastellfarbene Patrizierhäuser aus der Zeit um 1900 den ****Passeig Vara de Rey ❶**, den mondänen Boulevard der Neustadt von Eivissa, eine Top-Adresse für Geschäfte und Gastronomie. Der Passeig ist das Herz der Stadt. In der Mitte der breiten Promenade ehrt das **Monument a Vara de Rey** den General Joaquín Vara de Rey i Rubió. Der populäre Ibizenker, der auf seinem Fundament mit dem Degen fuchtelt, fiel für Spanien im Kuba-Krieg 1898, als die letzte Kolonie der spanischen Krone an die USA verloren ging. An der Ecke zum Hafen steht das ***Montesol**, das älteste Hotel-Restaurant der Stadt, 1936 eröffnet. Drinnen im Café sitzen die einheimischen Geschäftsleute, trinken Kaffee oder *orxata* (Mandel-

LA MARINA

milch), während von seiner Terrasse Urlauber das Treiben auf der Flaniermeile beäugen. Um die Ecke, an der **Avinguda Ramon y Tur**, befindet sich das Szene-Café *****Mar y Sol**, ein Stück weiter oben leuchtet die Fassade des 1898 eingeweihten *****Teatro Pereira**, heute ein Jazzlokal mit plüschiger Art-déco-Einrichtung. 50 m südlich des Passeig Vara de Rey bietet sich die etwas ruhigere **Plaça d'es Parque** mit ihren weitausladenden Platanen für eine Kaffeepause an, etwa im **Sunset-Café**; oft kann man hier auch Straßenkünstlern zuschauen.

Entlang dem **Carrer d'Annibal**, an der **Plaça de Sa Font** ❷ und dem **Carrer d'Antoni Palau** präsentieren sich im alten Hafenviertel *****La Marina** anspruchsvolle architektonische Ensembles, zwei- und dreistöckige Häuser mit schmiedeeisernen Balkonen, geschlossenen Alkoven, und alles in bunter Farbenpracht.

Auf dem **Carrer del Mar** (Fußgängerzone) gelangt man zur Kirche *****Sant Elm** ❸, die ursprünglich eine kleine Fischerkapelle war. Die Soldateska Francos zerschoss sie 1936, nach dem Krieg wurde sie prächtiger wieder aufgebaut. Im Innern ist außer einer modernen Christusfigur auch ein altes eivissenkisches Kruzifix zu sehen, das Jesus mit einem rotbestickten und goldbefransten Rock zeigt, wie er in der romanisch-katholischen Welt bei Mysterienspielen eine Rolle spielt, wo die Soldaten um den Rock würfeln.

Am **Hafen**, in der Nähe der Anlegestelle für die Fährschiffe nach Denia, Barcelona und Mallorca, erinnert ein Obelisk, das **Monument al Corsaris** ❹, an Antonio Riquer Arabí (1773-1846). Der Korsar und Kapitän aus Sa Penya avancierte zum Volkshelden, weil er feindliche Schiffe kaperte und versenkte. Zur spektakulärsten Aktion Arabís kam es 1809, als er unter den Anfeuerungsrufen der Ibizenkos in Hafennähe die britische Brigg *Felicity* enterte und ihren Kommandanten, den berüchtigten Piraten Miguel Novelli, gefangennahm. Das Denkmal ist eine Stiftung von Arabís Nachkommen.

*SA PENYA

Das frühere Fischerviertel ***Sa Penya** schmiegt sich an den Hang unterhalb der festungsartigen Oberstadt. In seinen farbenfrohen alten Häusern haben sich vorwiegend Cafés, Bars und Modeläden eingenistet.

Ibizas Modeindustrie hat sich das alte Fischer- und Seemannsviertel ebenso wie die Oberstadt für die Zurschaustellung ihrer Kreationen auserkoren. Selbst in entlegenen Gassen finden sich noch Boutiquen, die Hochwertiges bis Schrilles zu bieten haben. Die *Adlib*-Mode, Ende der sechziger Jahre aus der Hippie-Kultur geboren – *ad libitum*, nach Belieben –, hat hier ihren verlässlichsten Standort. Der Mode-Stil machte Ibiza in aller Welt bekannt, die Produkte sind immer noch begehrte Exportartikel. Am angemessensten ist aber, die Klamotten im Ambiente von Sa Penya zu erstehen, dort, wo sie auch kreiert worden sind. Wer extravagantes Lederdesign in einer Mischung aus spanischen und nordafrikanischen Stilelementen oder schöne weiße Kleider aus Spitze haben will, wer ausgefallene Schuhe, handgefertigte Sandalen, Gürtel und Taschen sucht oder auf schräge Kleidung abfährt, wird in Sa Penya mit Sicherheit fündig. Im Juni findet die *Adlib*-Modewoche statt, bei der auf Ibiza arbeitende Designer in Shows ihre allerneuesten Fantasiegeburten vorführen.

Da, wo heute die Hafenmole liegt, und entlang der engen Hauptader von Sa Penya, dem ****Carrer de la Virgen** ❺ (*Carrer de Mare Déu*), wo sich abends alle treffen – auch die schillerndsten Paradiesvögel der Gay-Szene –, haben sich um 650 v. Chr. die ersten Bewohner Ibizas angesiedelt.

Am Ende von Sa Penya trotzt **Sa Torre** ❻, ein restaurierter Wehrturm, Wind und Wetter. Schmale Gässchen führen vom Carrer de la Virgen in den darunter liegenden **Carrer d'Emnig** ❼, zu dem Ibiza-Fans in alter Gewohnheit noch immer *Calle Mayor* sagen. Auch hier gibt es Boutiquen, Bars und Geschäfte.

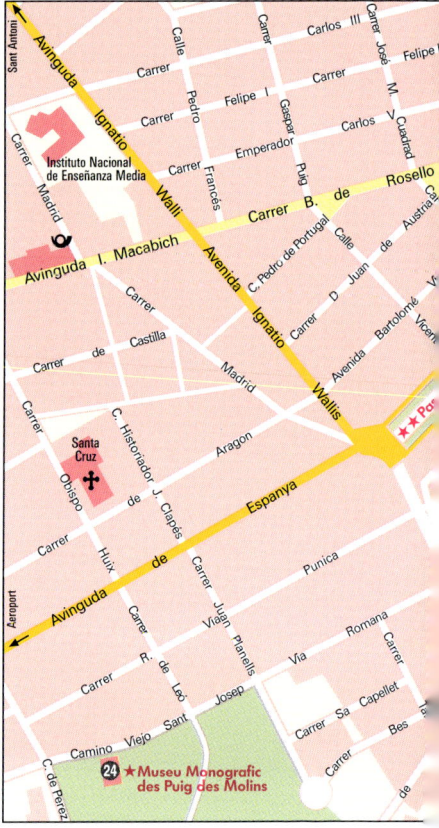

Der **Passeig des Moll** und die ***Avinguda de Andenes** ❽ (Fußgängerzone) bilden zusammen die berühmt-berüchtigte **„Rennbahn"**, auf der sich das Partyvölkchen vergnügt, bevor es gegen Mitternacht in die Discos aufbricht.

Das zwischen Meer und Oberstadt gelegene Viertel Sa Penya hat sein romantisches Flair bewahrt. Zugleich ist es so etwas wie der „Bauch von Eivissa": Die alte Markthalle, der ***Mercat Vell** ❾ (Obst und Gemüse), ist eine Attraktion für sich; es gibt hier an der **Plaça de la Constitució** auch kleine Läden und Bars, die überaus beliebt sind, wie z. B. das **Croissant Show**.

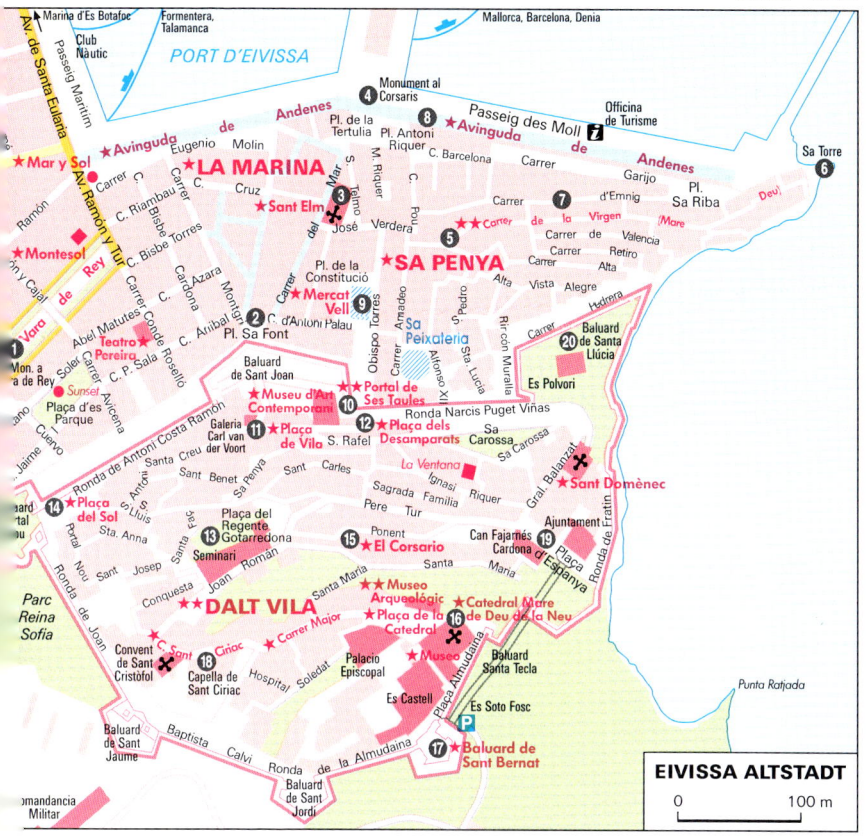

DALT VILA

Dalt Vila, die festungsartige, ursprünglich (bis ins 13. Jh.) arabische Oberstadt mit ihren kopfsteingepflasterten engen Gassen, gehört seit 1999 zum UNESCO-Weltkulturerbe. Sie ist umschlossen von der knapp 2 km langen **Mauer**, die nach Entwürfen des italienischen Baumeisters Giovanni Batista Calvi in 40-jähriger Bauzeit errichtet und durch sechs Basteien für schwere Festungsgeschütze verstärkt wurde. Sein Auftraggeber war Karl I., der sich im Jahr 1554 20 000 Dukaten vom Bischof von Valencia geliehen hatte, um die Stadt zu befestigen. 1561 starb Calvi, der als berühmter Architekt seiner Zeit auch Festungen in Barcelona, Mailand und Siena gebaut hatte; die Arbeiten wurden nach seinen Plänen fortgeführt. Wegen heftiger Türkeneinfälle auf Ibiza nach Calvis Tod wurde Dalt Vila vom italienischen Baumeister Jacopo Paleazzo noch einmal erweitert und erhielt ein durch Schutzwälle verbundenes Vorwerk. Zehn Hektar Fläche waren ummauert, dort verschanzte sich die Bevölkerung, wenn Gefahr drohte. Die Angreifer wurden mit Kanonenkugeln, heißem Blei und Unrat von den Mauern herab empfangen.

Bis heute erhebt sich die historische Oberstadt imposant über dem Hafen und macht einen gewaltigen Eindruck auf jene, die sich Eivissa vom Meer her nähern – diese mittelalterliche Stadtfes-

Info S. 28–29

DALT VILA

tungsansicht verdient wirklich das Attribut „malerisch".

Vom Mercat Vell gelangt man über eine Steinrampe hinauf zum ****Portal de Ses Taules** ❿ mit der Zugbrücke, die erst Ende des 20. Jh. wieder eingehängt wurde. Zwei kopflose **Römische Statuen** zu beiden Seiten flankieren das Tor, es sind die Göttin Juno und ein römischer Legionär. Dahinter erstreckt sich der **Waffenhof** der Wachmannschaft, in dem sich heute Verliebte zum Rendezvous verabreden. In einer Nische grüßt eine weitere römische Skulptur. Oberhalb des Portal de Ses Taules, im historischen Gemäuer der Bastion **Baluard de Sant Joan**, präsentiert das ***Museu d'Art Contemporani** seit 1966 zeitgenössische Kunst einheimischer und ausländischer Maler. Die weißleuchtende ***Plaça de Vila** ⓫ gehört Flaneuren, Müßiggängern, die in Ca-

fés Hof halten, und kunstsinnigen Shoppern; die **Galeria Carl van der Voort** war eine der ersten auf Ibiza, die moderne ibizenkische Malerei präsentierte.

Auf der anderen Seite des Platzes, hinter dem Waffenhof, führt eine etwas breitere Gasse hinauf zur ***Plaça dels Desamparats** ⓬, die weiter oben den Namen **Sa Carossa** trägt. Rechterhand liegen das traditionsreiche Restaurant **El Portalón** und das charmante, geschmackvoll eingerichtete Hotel **La Ventana**, beliebt vor allem in der Künstlerbranche. Von seiner Dachterrasse wie auch von der oberen Festungsmauer bietet sich eine großartige Aussicht auf die Neustadt von Eivissa und den Hafen. Eukalyptusbäumen beschatten die lebensgroße Bronzeskulptur von **Isidor Macabich i Llobet** (1883-1973); der Historiker genießt auf den Pityusen große Verehrung, das in seiner Hand aufgeschlagene Buch soll ein Teil seines mehrbändigen Gesamtwerks *Historia de Ibiza* darstellen. Nach dem Zweiten Weltkrieg warf Macabich sein ganzes Ansehen in die

Oben: Die Oberstadt Dalt Vila mit ihrer 2 km langen Festungsmauer zählt zum UNESCO-Weltkulturerbe. Rechts: Mittagspause an der Plaça de Vila.

DALT VILA

Waagschale, um zu erreichen, dass die Tageszeitung *Diario de Ibiza* wieder erscheinen durfte.

Dalt Vila ist kein Freilichtmuseum, sondern immer noch ein bewohnter Stadtteil. Gerüche und Radiolärm überlagern einander, Kinderlachen hallt durch das auf- und absteigende Gassengewirr. Die schlichten, teilweise ärmlich anmutenden Häuser aus Natursteinen stehen so eng beieinander, dass sich ihre Bewohner über die Gassen hinweg gegenseitig in die Fenster schauen und fast die Hand reichen können. Nachbarschaft auf Tuchfühlung, wie schon seit zweieinhalb Jahrtausenden. Seit den 1980er Jahren greift das Sanierungsprogramm für die Altstadt. Dennoch ist das eine Generationenaufgabe. Hier hat sich ein ursprüngliches Stück Eivissa erhalten.

Der Weg führt nun zurück zur Plaça de Vila und von ihrem Ende aus, dort, wo die Treppengasse **Escala de Pedra** abgeht, zur **Plaça del Regente Gotarredona** ⑬. Dieses Stück führt mitten durch ein dichtbewohntes Viertel, unter aufgehängter Wäsche hindurch, vorbei an abgestellten Gasflaschen und aufgebockten Motorrädern. Mit dem Fotografieren sollte man sehr zurückhaltend sein – die Menschen, die hier in bescheidenen Verhältnissen leben, wollen sich oft nicht ablichten lassen.

Von der Plaça ostwärts gelangt man nach 100 m zur ⋆**Plaça del Sol** ⑭, einem beliebten Aussichtspunkt. Der Platz ist frisch hergerichtet, ein Restaurant stellt Tische aufs Pflaster, die Gäste schauen über die Mauer hinweg auf die Dächer der Unterstadt. Eine dunkle Torgasse führt abwärts durch die meterdicken Bastionsmauern um das **Portal Nou**. Das „Neutor" war einer der wichtigsten Zugänge zur Oberstadt. Hier wurden einst von der Landseite her Angreifende mit geballter Verteidigungskraft attackiert.

Über eine Treppengasse geht es hinauf zum **Carrer Sant Josep**, einer Gasse, durch die schon Erzherzog Ludwig von Habsburg, der erste „Tourist" auf Ibiza, Ende des 19. Jh. spazierte; er erwähnt sie in seinen Schriften. Über eine weitere

DALT VILA

Treppengasse ist der **Carrer de Joan Roman** erreicht, eine der breiteren Gassen Dalt Vilas. Linkerhand ist eine ehemalige Klosterfassade (*Seminari*) zu betrachten.

Nach einem weiteren Treppenaufgang landet man beim legendären Hotel und Restaurant *El Corsario ⓯. Hier residierten in den Jahren des einsetzenden Tourismus manche Stars des Showbusiness. Schön ist die kieselsteinbedeckte Eingangshalle des Hotels, das zwar nicht mehr zu den führenden gehört, von dessen Terrasse aus man aber immer noch die ganze Stadt sehr schön überblickt.

Am Corsario biegt man bei der ersten Möglichkeit rechts ab und gelangt durch schmale Gässchen zur von Souvenirläden und stattlichen alten Herrenhäusern gesäumten „Hauptstraße" *Carrer Major. Links führt die leicht gewundene Gasse direkt hinauf zum höchsten Punkt von

Oben: Santa Maria de las Nieves in der Kathedrale hat die Göttin Tanit (Museo Arqueológic) als Schutzherrin der Insel abgelöst. Rechts: Miss-Wahl im El Divino.

Dalt Vila, der *Plaça de la Catedral, dominiert von der *Kathedrale Mare de Deu de la Neu ⓰ (*Santa María de las Nieves*). Maria vom Schnee – dieser für ein Gotteshaus auf Ibiza merkwürdige Name verweist auf den Gedenktag, an dem die Katalanen den Mauren die Insel entrissen. An Stelle der Kirche stand vorher ein römischer Tempel, dann eine frühchristliche Basilika, danach eine maurische Moschee. Im 13. Jh. begann bereits der Bau der Kathedrale, fertig gestellt werden konnte sie erst 1592. Ursprünglich war sie gotisch, doch nach vielerlei Umbauten ist das kaum noch auszumachen, nur noch am Glockenturm und an einigen Fenstern. Im Inneren wurden mehrere Kapellen und gotische Fenster aufwendig restauriert. In einer kleinen Rotunde steht die Madonna mit dem Jesuskind; beide tragen Goldkronen. Das *Museum in der Sakristei birgt u. a. eine Monstranz aus purem Gold.

Neben der Kathedrale werden in dem sehenswerten **Museo Arqueológic d'Eivissa i Formentera** Exponate aus

Stadtplan S. 20-21, Info S. 28-29

DALT VILA

Eivissa

karthagischer, römischer, maurischer und spanischer Zeit sowie prähistorische Funde aus dem Grab Ca na Costa (Formentera) gezeigt. Das **Castell** auf der anderen Platzseite war bereits Teil der maurischen Festungsanlage, der *Almudaina,* und musste wegen Einsturzgefahr mit Beton gestützt werden. Wer die Gasse zwischen den beiden Gebäuden durchquert, kommt auf die **Plaça Almudaina** mit dem rechter Hand liegenden *****Baluard de Sant Bernat** ⓱, einer beeindruckenden Bastion der Festungsmauer. Das Panorama umfasst das phönizische Gräberfeld am Puig des Molins („Mühlenberg"), die Stadtstrände und die Salinen; im Süden ist Formentera auszumachen.

Zurück über den Carrer Major geht es in die Verlängerung der Gasse, den *****Carrer Sant Ciriac**. Hier gibt es die kleine **Capella de Sant Ciriac** ⓲, deren Tafel von dem Heiligen *Ciriac* berichtet, an dessen Namenstag, am 8. August 1235, christliche Truppen in die maurisch okkupierte Stadt einmarschierten. An der Straße steht auch die schlichte Kirche des **Convent de Sant Cristòfol**, die einen Altar aus dem späten Barock aufweist.

Die Hauptstraße Carrer Major geht es nun zurück und hinunter zum **Carrer de Santa Maria**, dann weiter zur **Plaça d'Espanya** ⓳ mit dem Komplex des ehemaligen Dominikanerklosters *Convent de Sant Domènec* von 1592, das 1938 zum **Ajuntament** (Rathaus) umgewidmet wurde. Das säkularisierte Klostergebäude hat man 1986 den Bedürfnissen einer modernen Stadtverwaltung angepasst. Heutzutage versammelt sich der Stadtrat im einstigen Refektorium unter einem ausgemalten Tonnengewölbe; der Kreuzgang bildet eine aparte Kulisse für Konzerte und Ausstellungen. Bei Vernissagen flanieren hier weinnippende Kunstfreunde, Lokalpatrioten und Residenten umher und lassen die Atmosphäre, die gleichsam Jahrhunderte konserviert, auf sich wirken – ein Ort mit Seele. An der Plaça steht noch ein anderes auffälliges Gebäude, das **Can Fajarnés Cardona**, ein zu Beginn des 20. Jh. erbautes Privathaus. Hinter dem Rathaus erhebt sich die ehe-

MARINA D'ES BOTAFOC

malige Klosterkirche **Sant Domènec** mit ihren ziegelgedeckten Kuppeln und prachtvollen Barockaltären. Gegenüber erstreckt sich der **Baluard de Santa Llúcia** ⑳ mit dem restaurierten **Pulverturm**. Von hier hat man einen schönen Blick auf Sa Penya und den Hafen.

*MARINA D'ES BOTAFOC

Der Yacht- und Sporthafen ***Marina d'Es Botafoc** ㉑ nimmt die Nordseite des Hafenbeckens ein. Er repräsentiert das „moderne" Eivissa, das Viertel um ihn herum ist immer noch in Entwicklung. Mallorcas Port Portals und Marbellas Puerto Banús waren die Vorbilder dieser hypermodernen Architektur, in die traditionelle Bauelemente des alten Ibiza integriert sind. Cafés, Nobelrestaurants wie das der für ihre originellen Partys bekannten Disko **El Divino**, edle Boutiquen wie die der *Adlib*-Modeschöpferin **Dora**

Oben: Im Spaßbad Aguamar an der Platja d'En Bossa.

Herbst und das neue **Casino** (Krawatte obligatorisch!) flankieren den **Passeig Joan Carles I.** (*Passeig Marítim*). Im Yachthafen dümpeln Luxusschiffe; der Blick auf die Altstadt ist herrlich. Die Megadisco **Pacha** (hinter dem Casino), „Mutter aller Themenpartys", bildet derzeit weltweit neue Ableger.

Auf der **Illa Grossa** steht der alte Leuchtturm **Far d'Es Botafoc** ㉒. Ein schmaler Strand, die **Platja d'Es Duros**, verbindet die Halbinsel **Illa Plana** mit der Leuchtturminsel. Ende Juli, Anfang August starten von hier anlässlich der *Fiesta de Nuestra Senora de las Nieves*, dem Fest für die Schutzpatronin Eivissas, die Wettschwimmer zum Leuchtturm. An der Hafennordseite können Freizeitkapitäne ein Boot oder eine Yacht chartern.

Jenseits der schmalen Landzunge erstreckt sich die kinderfreundliche **Platja de Talamanca** ㉓, eine ruhigere Strand- und Hotelzone (s. S. 60). Die Hügel dahinter sind von Villen besetzt – die teuerste Wohnlage Eivissas. Wer dort residiert, hat einen schönen Blick auf Dalt Vila.

PUIG DES MOLINS / PLATJA D'EN BOSSA

*PUIG DES MOLINS

Der ehemalige Mühlenberg, ein Hügel etwas unterhalb der Stadtmauer gelegen und heute ein wenig unscheinbar, bildete die Keimzelle der Stadt. Hier bauten die Karthager eine Nekropole als Stätte für ihre Toten, und hier soll der legendäre Hannibal geweilt haben, vertieft ins Zwiegespräch mit seinen Ahnen.

Das ***Museu Monografic des Puig des Molins** ❷❹ (Via Romana 31), Ibizas bedeutendstes historisches Museum, bewahrt die Hinterlassenschaften der Karthager auf. Fachleute halten die Sammlung für die bedeutendste aus punischer Zeit im gesamten Mittelmeerraum. Am attraktivsten sind zweifellos die Bildnisse der Göttin *Tanit*, darunter eine wunderschöne Büste aus einer Höhle an der Cala Sant Vicent. Außerdem gibt es Terrakotta-Figuren, die Hirten in einer Berghöhle bei Sant Joan aufstöberten, Münzen und Schmuck aus der Nekropole Can Sora an der Cala d'Hort, Straußeneier und Statuetten von der Halbinsel Plana, Sarkophage aus der Nekropole Can Berri d'En Sargent bei Sant Josep sowie Kultgeräte und Waffen aus über 3000 in die Felsen geschlagenen **Grabkammern**. Einige der unterirdischen Grabkammern können vom Museumsgelände aus besichtigt werden; das Museum selbst ist wegen Umbau geschlossen.

*PLATJA D'EN BOSSA

Eivissas Hausstrände liegen südwärts, nicht weit von der City entfernt. Die von gesichtslosen, aber preiswerten Bettenburgen, Bars und Restaurants gesäumte **Platja de Ses Figueretes** ❷❺ hinter Dalt Vila gehört noch zum Stadtgebiet. Den schattenlosen, schmalen, 400 m langen Sandstreifen begleitet eine Palmenpromenade, auf der gegen Abend mobile Händler flippige Textilien und Souvenirs anbieten.

*Platja d'En Bossa ❷❻ ist mit 3 km Ibizas längster Sandstrand und ab dem frühen Nachmittag dicht besetzt mit jungen Leuten, lärmig und umtriebig, völlig

PLATJA D'EN BOSSA

eingebaut mit Hotels (darunter auch ein Club Med), Restaurants und Supermärkten. In kurzen Abständen donnern allerdings Flugzeuge über diesen Ort hinweg, was aber das turtelnde Jungvolk nicht im geringsten stört. In der Saison findet freitags ein Hippie-Markt statt.

Die Platja d'En Bossa hat feinkörnigen weißen Sand, fällt nur flach ab und eignet sich deshalb auch gut für Familien. Kinder können sich zudem im Spaßbad **Aguamar** auf großen Wasserrutschen und einem Abenteuerspielplatz austoben; die Großen raven gleich nebenan in der beliebten Tagesdisco **Space** oder in der „angesagten" Stranddisco **Bora-Bora** (mit Bar und Restaurant) – und das alles direkt unter der Einflugschneiße des Flughafens. Fazit: Sonne, Sand und amüsierfreudiges Publikum – wer Ruhe sucht, ist hier an der falschen Adresse. Britische „plain spotters" hingegen lieben diesen Strand.

Oben: Terrakottafigur aus punischer Zeit, ausgestellt im Museu Archeológic (Dalt Vila).

EIVISSA

Oficina de Información y Turismo, Passeig Vara de Rey 13, Tel. 971 30 19 00 und 971 31 51 31; **Oficina de Información Turística**, Carrer Antoni Riquer 2, Tel. 30 19 00, Fax 30 15 62.

Der internationale Flughafen **Aeroport d'Eivissa** befindet sich 7 km südwestlich von Eivissa, hinter der Gemeinde Sant Jordi. Zwischen 7.30 und 22.30 Uhr verkehrt jede Stunde ein Bus zur Stadt.

Club Don Toni, Platja d'En Bossa, Tel. 971 30 50 12, Fax 971 30 58 03; Großhotel an beliebtem Strand, großer Swimmingpool, viele Sportangebote, kinderfreundlich; allerdings direkt unter der Einflugschneiße. **Royal Plaza**, C/. Pedro Francés, Tel. 971 31 37 11, Fax 971 31 40 95; moderner, Bau, etwas dunkel möbliert. **Ocean Drive**, Marina Botafoch, Tel. 971 31 81 12, Fax 971 31 22 28, eMail odrive@step.es; Haus im Art-deco-Stil mit geschmackvoll eingerichteten Zimmern. **La Torre del Canónigo**, C/. Major 8, Tel. 971 30 38 84, Fax 971 30 78 43; luxuriöses Aparthotel, in dem gern die Mode-Schickeria absteigt. **El Palacio**, Carrer de la Conquesta 2, Tel. 971 30 14 78, Fax 39 15 81. Kleines Luxushotel in Dalt Vila, das schon viele Stars gesehen hat, aber reichlich kitschig eingerichtet ist. **La Ventana**, Sa Carroca 13, Tel. 971 39 08 57, Fax 971 39 01 45; zwar nicht das beste, aber dafür das wohl schönstgelegene Hotel Eivissas, ehemaliges Herrenhaus unterhalb der Bastion Santa Llúcia in der historischen Oberstadt.

Los Molinos, C/. Ramón Muntaner 60, Tel. 971 30 22 54, Fax 971 30 25 04; ganzjährig geöffnetes Haus in der Mitte zwischen City und Platja d'En Bossa. **Argos**, Platja de Talamanca, Tel. 971 31 21 26, Fax 971 31 62 01; Familienhotel direkt am Strand, mit Babysitting und Animation. **El Corsario**, C/. Ponent 5, Tel. 971 30 12 48, Fax 971 39 09 53; alter Piratenpalast mit Panoramablick und reizvoll eingegrünter Terrasse. **Rio**, Passeig Maritim, Tel. 971 19 04 04, Fax 971 31 39 00; Aparthotel mit auffälliger Architektur am Rand Eivissas. **Roberto Playa**, C/. Galícia 22, Tel. 971 39 04 21, Fax 971 39 08 26; neueröffnetes kleines Hotel im Stadtteil Figueretas.

Hostal Parque, Miquel Cayetà Soler s/n, Tel. 971 30 13 58; schlichte Herberge an der belebten Plaça d'Es Parque, von einigen Zimmern aus guter Blick auf Dalt Vila. **Marina**, C/. Barcelona 7, Tel. 971 31 01 72; von einer alteingesessenen Familie geführtes einfaches, sauberes Hostal am Hafen. **Europa Púnico**, C/. Aragón 28, Tel. 971 30 34 28; einfaches Hostal in der Neustadt. **Montesol**, Passeig Vara de Rey 2, Tel. 971 31 01 61; ältestes Hotel der Insel (1934) in bester Lage, renoviert.

EIVISSA

Delfin Verde, C/. Garijo 2, Tel. 971 31 02 15; nostalgischer Klassiker im Hafenviertel, die Küche vereint spanische und italienische Einflüsse; Fischspezialitäten. **El Olivo**, Plaça de Vila 7-9, Tel. 971 30 06 80; mitten in der Altstadt, französische Küche auf gehobenem Niveau, reservieren und angemessene Kleidung obligatorisch. **Bar Juan**, Carrer Montgrí 8, Tel. 971 31 07 66; kleines, sehr günstiges Lokal mitten in der Innenstadt, gute Hausmannskost. **El Portalon**, Plaça dels Desamparats s/n, Tel. 971 30 39 01; span. Küche in stilvollem Stadtpalast in Dalt Vila. **El Principe**, Ses Figueretes, Passeig Maritim, Tel. 971 30 19 14; internat. Küche, Restaurant mit Garten, schöner Blick aufs Meer. **S'Oficina**, Av Espanya 6, Tel. 071 30 00 16; ein „Büro" (Oficina) für Geschäftsleute, und die wissen, wo es gut schmeckt. **Bar Bahía**, C/. Garijo 1, Tel. 31 10 19; Nahrungsquelle der Ibiza-Veteranen, leckeres Brathuhn. **Can Alfredo**, Passeig Vara de Rey 16, Tel. 971 31 12 74; eines der besten Restaurants der Pityusen, und das seit 1934, gute Paellas und Fischgerichte. **Celler Baleares**, Av. Ignacio Wallis 18, Tel. 971 31 19 65; rustikal, gute Tapas und ibizenk. Spezialitäten. **El Faro**, Plaça de Sa Riba 2, Tel. 971 31 11 53; ausgezeichneter Fisch, Hafenblick. **Sa Caldera**, Bisbe Pare Huix 19, Tel. 971 30 64 16; von Spaniern sehr geschätztes Fischrestaurant in der Neustadt, authentische ibizenkische Küche. **Victoria**, C/. Riambau 1; Lokal voller Ibizenkos, preisgünstig. **El Brasero**, Es Passadis 4, Tel. 971 31 14 69; vorzügliche französische Küche. **Avenida**, Av. Bartolomeo de Rosello 113, Tel. 971 31 42 70; einfach, aber gut u. a. im Ofen gebratener Fisch. **Beda's La Scala**, C/. Sa Carossa 7, Tel. 971 30 03 83; schweizer Kochkunst in romantischer Dalt-Vila-Villa. **El Rubio**, Plaça de sa Riba 7, Tel. 971 31 00 71; schweizer Küche und italienische Nudelgerichte. **Café Sidney**, Yachthafen Botafoc, Tel. 971 19 22 43; Szene-Lokal, beliebter Sonntagsbrunch, deutsches Pils. **La Brasa**, C/. Pere Sala 3, Tel. 971 30 12 02; mit schönem Garten, Spezialitäten aus Katalanien und Ibiza, auch Gegrilltes.

CAFÉS: **Bar Mar y Sol**, Carrer Lluis Tur y Palau 1; Szene-Café am Hafen, guter Beobachtungsposten. **Montesol**, Passeig Vara de Rey 2; traditionsreichstes Café der Stadt, beliebt auch unter Ausguck. **Café-Bar Madagascar**, Plaça des Parc s/n; hier sitzt man unter Bäumen und schaut auf die Oberstadt. **Sunset-Café**, Plaça d'Es Parque s/n; tagsüber Café, abends szeniges Publikum. **Parque Bar**, Plaça d'Es Parque s/n; mondänes Lokal mit Korbstühlen auf dem Platz. **Bar Tolo**, Avgda. d'Espanya 8; angenehme Frühstücksbar, *tapas* und *bocadillos*. **Café de Viena**, Avgda. d'Espanya 8; Kaffeehaus im Wiener Stil. **Es Molins Bar**, Avgda. d'Espanya 35; auch bei Einheimischen beliebt. **The Mezzanine Bar**, Passeig Marítim, Tel. 31 08 76; Internet-Café.

Teatro Perreira, Carrer Conde Rosellón; hier ertönt Live-Blues und Jazz. Beliebt als Frühstücksort (ab 10 Uhr) ist das zugehörige Café. **Bar Incognito**, C/. Santa Llúcia 47; Gay-Szene-Treff in Sa Penya. **Bar JJ**, C/. Mare de Déu 79; Anmache-Ort, viele Homosexuelle. **Bar Questions**, C/. Mare de Déu 79; typische Absacker-Bar. **Dome**, C/. Barcelona; gilt als Exzentriker-Treff. **Keeper**, Paseo Marítimo s/n; beliebte Bar zum Einstimmen auf die Nacht. **Blue Rose**, in Ses Figueretes, C./ Navarra 27, Nightclub mit Striptease-Show. **Pacha**, am neuen Hafen, Passeig Perimetral, Tel. 971 31 09 59, Riesen-Disco mit 3 Ebenen für verschiedene Musikstile, mit Restaurant, 18 Bars und VIP-Area; ab 24 Uhr, auch im Winter Fr/Sa geöffnet. **El Divino**, Marina de Botafoc, vor dem Casino, Tel. 971 19 01 77, schicke Disco mit originell dekoriertem Restaurant und Terrasse, schöner Blick auf die Altstadt. **Space**, Platja d'En Bossa, Tel. 971 39 67 93, Disco, die erst morgens öffnet (für Leute, denen 24 Uhr wie im Pascha noch zu früh ist) und dann zum Tagesclub wird. **Amnesia**, Straße nach Sant Antoni, Km 6 (bei Sant Rafel), Tel. 971 19 10 41; Groß-Disco für 5000 Leute, zwei Tanzflächen, beste DJs aus Europa. **Privilege**, Straße nach Sant Antoni, Km 7 (bei Sant Rafel), Tel. 971 19 81 60; Mega-Disco mit 40 000 m^2 Fläche.

Museu Monografic des Puig des Molins, Vía Romana 31, Di-Sa 10-13, 16-19 Uhr; Sammlung phönizisch-karthagischer Funde wg. Umbau geschlossen; Grabkammern der Karthager-Totenstadt können besichtigt werden. **Museu Arqueològic d'Eivissa I Formentera**, Plaça de la Catedral, Mo-Sa 10-13 und 16-19 Uhr; in historischem Festungsgemäuer; Geschichte von der Jäger- und Sammlerzeit bis zur Ankunft der Spanier. **Museu d'Art Contemporani**, Portal de Ses Taules, Mo-Sa 10-13 und 17-20 Uhr; zeitgenössische Kunst in- und ausländischer Kreativer.

Dora Herbst, Marina de Botafoc, Local 315; Inhaberin ist Trendsetterin der Ibiza-Fashion, exklusive Mode. **Paula's**, Sa Penya, C/. de la Virgen 4; ausgefallene Modekreationen von Stuart Rudnick und Armin Heinemann. **Boom-Bastic**, Dalt Vila, Carrer Major; flippige Strandbekleidung. **Goldi**, C/. Conde de Rosellón 10, Gold- und Silberschmuck, eigene Kollektion. **Mercat Nou**, C/. Extremadura; in der neuen Markthalle offerieren mehr als 50 Stände Frischware – Obst, Gemüse, Fleisch und fangfrischen Fisch. **Es Moli d'Or**, Av. Macabich 39; französische Bäckerei-Konditorei, Baguette, Croissants, Kuchen vom feinsten, auch franz. Weine. **Quefa**, C/. Cayetano Soler 9; deutsche und französische Delikatessen, große Weinauswahl, zugleich ein Bistro mit warmen und kalten Speisen. **S'Oliver**, C/. Pere Sala 4, Tel. 971 39 25 69; geschmackvolles Interieur, Pflanzen, Geschenkartikel.

SÜDEN UND WESTEN

SÜDEN UND WESTEN

SÜDKÜSTE
SANT JOSEP
ES VEDRÀ
WESTKÜSTE
SANT ANTONI
SANTA AGNÈS
SANT RAFEL

DIE SÜDKÜSTE

Sant Jordi ❶, gleich hinter der südlichen Peripherie von Eivissa, ist mit dem Flughafenbau zu schnell gewachsen. Aber inmitten klotziger unansehnlicher Bauten erhebt sich die 1577 erbaute *Església de Sant Jordi, eine der eindrucksvollsten der 23 ibizenkischen Wehrkirchen. Das festungsartige Gebäude besitzt eine aus drei Arkaden gebildete Vorhalle, der Glockenstuhl über dem Portal ist offen. Das zinnengekrönte Sakralgebäude läßt ahnen, wie nötig es einst war, sich gegen seine Feinde verschanzen zu können. Wer gerne bei Pferderennen wettet, kann sonntagabends im **Hipódromo** seiner Leidenschaft frönen.

Das kleine Dorf **Sant Francesc** ❷ ist noch kaum berührt vom Massentourismus. Die Atmosphäre ist ländlich; um das Kirchlein herum haben sich ein paar Häuser geschart, die Straßen sind schmal und von der Sonne versengt.

Hinter Sant Francesc erstrecken sich die Salzfelder **Ses Salines** ❸, über 500 Hektar bis zum **Puig des Falcó** schachbrettartig angelegt. Schon die Karthager haben sie genutzt wie später Römer und Araber, und die Ibizenker exportieren heute noch jedes Jahr zehntausende Ton-

Links: An der Küste bei Sa Caleta.

nen Salz nach Nordeuropa. Obgleich sich die riesige, weißkörnig schimmernde Fläche im Besitz eines Privatunternehmens befindet, bedienen sich die mit Autos gekommenen Einheimischen ganz ungeniert an dem Salzberg zwischen Sa Canal und dem Sandstrand Es Cavallet, indem sie mitgebrachte Gefäße und Tüten vollschaufeln.

Der Südzipfel Ibizas ist nicht nur ein Badeparadies, sondern wegen dem Salinen-Feuchtbiotop zugleich ein Reservat für Vögel – darunter auch Fischadler –, Eidechsen und salzliebende Pflanzen. Mitten in den Salinen führt ein Weg nach Osten zum feinsandigen Strand *Es Cavallet ❹, der wegen seiner pinienbestandenen Dünen ebenfalls unter Naturschutz steht. Er ist offiziell als Nacktbadestrand ausgewiesen und auch ein Treffpunkt der Schwulenszene.

Nahebei liegt die *Platja de Ses Salines ❺ (*Platja de Migjorn*). Diesen teils sandigen, teils felsigen 1500 m langen Strand flankieren Dünen, mächtige Strandkiefern und Wacholderbäume; er ist „mega-in" und entsprechend gut besucht von körperbewusstem Szenepublikum, das sich gerne an Strandbars wie dem **Malibú** versammelt – ein Szenestrand mit Bedienung. Vor der kleinen **Bar Sa Trincha** sonnenbaden die noch von der letzten Nacht erschöpften *party*

SÜDKÜSTE

people, aus den Boxen wummern House-Beats.

Nebenan, im Hafen **Sa Canal**, wird das aus verdampftem Meerwasser gewonnene Salz auf Schiffe verladen.

Ein Weg führt außerhalb der Siedlung, an kleinen Felsbuchten vorbei, zur Spitze der kleinen Halbinsel, der **Punta de Ses Portes** ❻ mit dem mächtigen Wehrturm **Torre de Ses Portes** aus dem 16 Jh. Von hier aus sieht man einen Teil der Altstadt von Eivissa, kann den Schiffsverkehr beobachten und hinüber blicken auf die Inseln **Espalmador** und **Espardell**, beide mit markanten Leuchttürmen.

Westlich des Flughafens locken der Kiesstrand **Platja d'Es Codolar** und die daran anschließende kleine Kies- und Sand-Bucht *****Sa Caleta** ❼, umgeben von einem steilen, rotbraunen Kliff (Badeschuhe nötig).

*Oben: Die Església de Sant Jordi gehört zu den eindrucksvollsten Wehrkirchen Ibizas.
Rechts: Insidertreff an der Platja de Ses Salines – die Bar Sa Trincha.*

Die Grundmauern einer 2700 Jahre alten Punischen Siedlung, der **Poblat Fenici**, wurden auf der benachbarten Halbinsel ausgegraben; dahinter verbirgt sich die verschwiegene winzige Bucht **El Rincón del Marino**.

Die *****Cala Jondal** ❽ ist eine der größeren Buchten. Der schmale Strand weist ein Fischrestaurant auf, aber nur wenige Sandpartien zwischen den Kieselsteinen. Trotzdem ist die Bucht bei Familien beliebt, denn die vorspringenden hohen Klippen schützen vor Winden und hohem Wellengang und es gibt schattenspendende Pinien, was den Strand besonders kinderfreundlich macht.

In der Nachbarbucht **Porroig** (*Port Roig*) stehen noch die Bootsgaragen des ehemaligen Fischerorts.

Cova Santa ❾, Heilige Höhle, ist der Name einer kleineren Tropfsteinhöhle nahe der Hauptstraße Eivissa – Sant Josep, die man vormittags besichtigen darf. Sie soll einst den Ibizenkern bei Piratenüberfällen als Zufluchtsort gedient haben.

SANT JOSEP

Süden und Westen

*SANT JOSEP DE SA TALAIA

*Sant Josep ❿ ist ein Vorzeigestädtchen und mit 12 000 Einwohnern Hauptort der flächenmäßig größten ibizenkischen Gemeinde. Hier wird deutlich, wie sich die Insulaner die Wiederherstellung des „alten" Ibiza vorstellen: Das ibizenkische Brauchtum wird von mehreren Volkstanzgruppen gepflegt; die Kirche und ihre angrenzenden Gebäude sowie die Hauptstraße mit den sie flankierenden Grünanlagen sind mustergültig restauriert. Supermärkte, Banken, Post und medizinische Einrichtungen sind allerdings eher Elemente des modernen Ibiza. Sant Josep, angeblich der reichste Ort der Insel, ist das Verwaltungs- und Dienstleistungszentrum für ein Gemeindegebiet, das die Platja d'En Bossa mit den Salinen, die Südküste mit Es Cubells und die Südwestküste mit der Cala Vedella umfasst und bis kurz vor Sant Antoni reicht.

Die *Esglèsia de Sant Josep von 1731 ist eine große Wehrkirche. Der Dorfplatz davor gilt als Ibizas schönste **Plaça**. In römischer Zeit diente sie als Richtplatz; der Olivenbaum, unter dem man auf Bänken Platz nehmen kann, soll um die 1200 Jahre alt sein. Durch die für ibizenkische Kirchen typische Vorhalle mit drei Rundbögen gelangt man in das Kircheninnere und erblickt einen reich geschmückten Barockaltar mit Josefs-Skulptur, eine bemalte Holzkanzel von 1763 und bunte Glasfenster mit den Darstellungen der Anbetung der Hirten und des Christophorus mit Jesus. Im spanischen Bürgerkrieg (1936-39) wurde der Altar beschädigt. Danach opferten die Frauen von Sant Josep ihren Schmuck, damit er wieder mit Blattgold überzogen werden konnte.

Einheimische und Touristen treffen sich in der **Bar Bernat Vinya**. Ein originelles Café hier, mit Kulturprogramm und schönem Innenhof, ist auch das **Raco Verd**.

Von Ibizas höchster Erhebung, dem **Sa Talaia** ⓫, bietet sich aus 475 m Höhe ein toller Rundblick; an klaren Tagen ist sogar die spanische Küste zu erkennen. Westlich von St. Josep führt eine

ES CUBELLS / ES VEDRÀ

Schotterstraße zu dem von einem Sendemast gekrönten Gipfel; der Aufstieg zu Fuß, auf dem direkteren Wanderweg von der Ortsmitte aus, dauert ca. 2 Stunden, zunächst vorbei an Ölbäumen und Weinreben, später begleiten Kiefern und Sabinawacholder den Weg.

*Es Cubells

*Es Cubells ⓬ an der südlichen Steilküste ist ein Dorf jüngeren Entstehungsdatums. Es hockt an einem hohen Klippenrand, als Siedlungsplatz für Fischer und Bauern also eher ungeeignet – es war der Mystiker und Karmelitermönch Francisco Palau, der diesen Ort 1855 für sich und sein Gefolge erkor. Später zog er sich zum Meditieren auf das Eiland Es Vedrà zurück. Die von ihm gegründete Einsiedelei, **Seminari d'Es Cubells**, hält heute noch Exerzitien ab, an denen auch Gäste teilnehmen können. Die Aussichtsterrasse der rustikalen Dorfbar **Llumbi** dagegen ist für Urlauber, die geistreiche Getränke vorziehen. Ein Sträßchen windet sich hinunter zum kleinen Strand **Platja d'Es Cubells**.

Von Es Cubells kann man weitere Abstecher unternehmen, etwa zur nahen **Platja de Ses Boques** (mit Restaurant) oder man wandert 3 km weiter südwärts zur Badebucht **Cala Llentrisca**.

**ES VEDRÀ UND ES VEDRANELL

Geheimnisvoll – wie ein schlafender Drache – erscheinen die beiden sagenumwobenen Inselchen im Nachmittags-Gegenlicht vom *Mirador d'Es Savinar ⓭ beim Torre del Pirata (30 Minuten zu Fuß von der Asphaltstraße).

Bei bewegter See erscheint die Insel **Es Vedrà ⓮, ein 382 m hoher Felsen, wie ein Schiff im schäumenden Wasser. Manche glauben, dass auf der Insel ein Fluch liege; viele Mythen ranken sich um dieses nur einen halben Quadratkilometer

Info S. 44-45

WESTKÜSTE

große Eiland, vor dem Schiffe versunken sein sollen, weil ein unerklärliches Kraftfeld sie in seinen Bann zog, von dem Brieftauben angeblich nie mehr zurückkehren und das den magnetischen Gegenpol zum Bermuda-Dreieck bilden soll. Ufos sind hier auch schon gesichtet worden; Erich von Däniken ortete gar in den rechtwinkligen Linien des Felsens Landebahnen für Außerirdische. **Es Vedranell** ❶❺ ist nur ein vorgelagertes Inselchen, das den Falken, Möwen und vielen anderen Vögeln gehört, die hier ihre Nistplätze haben.

Esoteriker aller Herren Länder werden bis heute magisch von den beiden Felsen angezogen, die manche sogar für die Spitzen des versunkenen Atlantis halten. Ausflugsboote steuern u. a. von Cala d'Hort das mysteriöse Felseneiland Es Vedrà an.

Oben: Der Weg zum Mirador d'Es Savinar ist im Frühling gesäumt von blühenden Thymianbüschen. Rechts: Blick von der Cala d'Hort nach Es Vedra.

DIE WESTKÜSTE

Die gesamte Westküste ist landschaftlich eindrucksvoll: blaue Buchten, grüne Hügel und rote Klippen reihen sich aneinander, mehrfach haben sich allerdings bereits die Tentakel der Tourismusindustrie in Form geschmackloser Hotelkomplexe und Bungalowsiedlungen bis hierher vorgeschoben.

Die **★★Cala d'Hort** ❶❻ halten viele Ibiza-Kenner für die schönste Bucht der Insel. Besonders romantisch mutet der schmale Sand-Kiesel-Strand spät nachmittags an, wenn die Insel Es Vedra wie verzaubert erscheint.

In der Nähe wurde 1985 eine Siedlung mit Zisternen und Grabkammern aus punisch-römischer Zeit entdeckt, **Ses Paisses**. Die Karthager hatten sie im 5. Jh. v. Chr. gegründet, die Römer sie dann, im 2. Jh. v. Chr., ausgebaut. Später stand sie unter byzantinischem Schutz, und zwar noch bis ins 7. Jh.

Die kleine, flache Sandbucht **★★Cala Carbó** ❶❼ ist nur über eine schlaglochge-

WESTKÜSTE

Süden und Westen

sprenkelte Piste zu erreichen und deshalb fast noch ein Geheimtipp mit ihren zwei Strandrestaurants.

Ziemlich zersiedelt ist die Umgebung der mit Sand, klarem blauem Wasser, Restaurants und Wassersportanbietern aufwartenden, fjordartigen *Cala Vedella ⓘ; der von Felsen eingerahmten, wegen ihres Sonnenuntergangsblicks geschätzten **Cala Moli** ⓘ und der mit weißem Sandstrand und glasklarem Wasser lockenden *Cala Tarida. Die ursprünglich recht idyllischen Buchten sind teils noch von Pinienwäldern, Wacholderbüschen und Orchideen gesäumt, doch die Bebauung fiel hier zu exzessiv aus, den Einheimischen sind die vielen Hotels und Ferienhäuser mit dem dazugehörigen Händlerauftrieb ein Dorn im Auge.

Ruhiger geht es an den abseits der Asphaltstraßen gelegenen Buchten *Cala Corral ⓘ, **Cala Llendia** und **Cala Codolar** mit ihren schmalen Kies- und Sandstränden zu. Es ist die anmutige Naturumrahmung, die sie zu besonderen Plätzen macht. Kleinere Feriensiedlungen hat man in die Landschaft zu integrieren versucht. Für Wanderer führt ein Zickzackweg hoch über der Küste durch eine abwechslungsreiche *Macchia*-Vegetation, vorbei an Aleppokiefern, Mastixsträuchern, wilden Oliven und Zistrosen. Auch Kermeseichen gedeihen hier.

Nahe der *Cala Comte ⓘ gibt es mehrere Buchten ohne Hotels, die noch von intakter Natur umgeben sind: Sanddünen, Strandkiefern und Felsen. Von hier hat man auch einen guten Blick auf die vorgelagerten Inselchen; zur größten, **Sa Conillera**, verkehren Ausflugsboote von Cala Bassa und Sant Antoni. Da es viele seichte Stellen im Wasser gibt, ist die Gegend auch für Kinder geeignet.

Die *Cala Bassa ⓘ ist eine vielbesuchte flache, kinderfreundliche Sandbucht; der schöne Badestrand wird beschattet von Kiefern und *Sabina*. Es gibt außerdem mehrere Bars und ein vielfältiges Wassersportangebot.

Den früher schönen Sandstrand von **Port d'Es Torrent** ⓘ begleiten heute auf ganzer Länge Bettenburgen, gebucht vor

Karte S. 34-35, Info S. 44-45

WESTKÜSTE

allem von britischen Touristen. Ein kulinarischer Lichtblick hier ist **Rick's Café**.

Als ältestes Dorf Ibizas gilt **Sant Agustì d'Es Vedrà** ❷ südlich von Sant Antoni. Manche halten das über einen Hügel gesprenkelte Häusergemenge – neben traditionellen auch einige moderne Gebäude – für die am schönsten gelegene Siedlung der Insel, umgeben von Feldterrassen mit Mandelbäumen, Agaven und Orangenbäumen. Auf der kleinen **Plaça Mayor** steht die wehrhafte **Kirche**, daneben betreibt die einheimische Großfamilie Berri eine Kunstgalerie, eine Bar und das stilvolle ibizenkische Restaurant **Can Berri Vell**, eingerichtet in einem uralten Bauernhaus. Die Schule Colegio Alemán für die Kinder von Einwanderern – nicht nur deutscher – im Gebäude *Can Blau* (mit blauem Dach), ist die einzige ihrer Art auf den Balearen.

Oben: Rotbrauner Fels, heller Sand und sauberes smaragdblaues Wasser – die Cala Comte. Rechts: Platz für 200 000 Urlauber bietet Sant Antoni de Portmany.

SANT ANTONI DE PORTMANY

Ibizas Westküste war die längste Zeit eine verschlafene Ecke – bis vor 35 Jahren die Engländer kamen und mit dem Idyll gründlich Schluss machten. Das beschauliche Fischerdorf **Sant Antoni de Portmany** ❷ mutierte in kürzester Zeit zum Mittelpunkt des kostenbewussten Ibiza-Pauschaltourismus; mit über hundert Hotels und Apartmentanlagen, Bars, Souvenirshops, Fish'n'Chips-Buden, Wechselstuben und Diskos. Im Sommer gesellen sich zu den 14 000 Einwohnern fast 200 000 Urlauber. Selbst die weiße Pfarrkirche, einst zentrales Gebäude des Ortes, ist von gesichtslosen Bauten umstellt, und der alte Hafen sowie ein Teil des Meeres wurden zubetoniert, um mehr Platz für die Gäste zu schaffen. Statt nächtlicher Ruhe gab es bald Lärm, Gegröle und Straßenschlachten trinkfreudiger junger Briten mit der Polizei.

Ein Kraftakt war nötig, um das Image und das architektonische Erscheinungsbild Sant Antonis zu verbessern. Zudem

SANT ANTONI

Süden und Westen

wiegt die Lage der Stadt mit ihren schönen Sonnenuntergängen manches auf, was nicht verschönert werden konnte. Und nicht zuletzt bildet Sant Antoni einen günstigen Ausgangspunkt, um die netten Badebuchten in der Nähe, die Küste mit ihren schroffen Klippen, sanften Dünen und schönen Stränden, aber auch die bäuerliche Hügellandschaft im Hinterland zu erkunden.

Die Bewohner Sant Antonis haben Teile ihres Ortes zurück „erobert"; die Fischer flicken morgens wieder ihre Netze an der Mole. Zum Flanieren animiert die neu gestaltete, von Palmen gesäumte Hafenpromenade ★**Passeig de Ses Fonts** ❶. Dort gibt es Parkbänke für Müßiggänger und Cafèterrassen. Neben eleganten Yachten wiegen sich Fischerboote im Hafenbecken. Die Bucht von Portmany – ein Paradies für Surfer und Segler – gehörte ursprünglich zum Schönsten, was Ibiza zu bieten hatte, bis zum Hotelbauboom der 1960er Jahre.

Die Römer hatten die Bucht *Portus Magnus*, Großer Hafen, genannt, daher der Name *Portmany*. Doch Sant Antoni hatte historisch nie die Bedeutung Eivissas, denn der Ort mit nur flachen Hügelkuppen liess sich nicht leicht befestigen, die tief in die Westküste einschneidende Bucht bot den Schiffen nicht ausreichend Sicherheit – wenn im Winter Stürme aus Nordwest in die Stadt fegen, ist der Hafen immer noch weniger geschützt als der von Eivissa. In der Saison legen hier Fähren nach Formentera und nach Dénia zum Festland ab.

An die Zeit, als hier nur ein paar Fischer lebten, erinnert das **Monument Al Pescador** an der Bushaltestelle am Passeig de Ses Fonts. An der Hauptkreuzung (Kreisverkehr) steht eine weitere Skulptur: Das ★**Ei des Kolumbus** ❷ (*Ou den Colom*), mit der Karavelle Santa María im ausgehöhlten Kern; ein Werk des einheimischen Künstlers Julio Bauzá von 1992.

Sant Antonis historisches Zentrum ist klein. Die Kirche **Sant Antoni Abat** ❸ aus dem 17. Jh. steht auf den Überresten einer Moschee aus maurischer Zeit. Der

SANT ANTONI

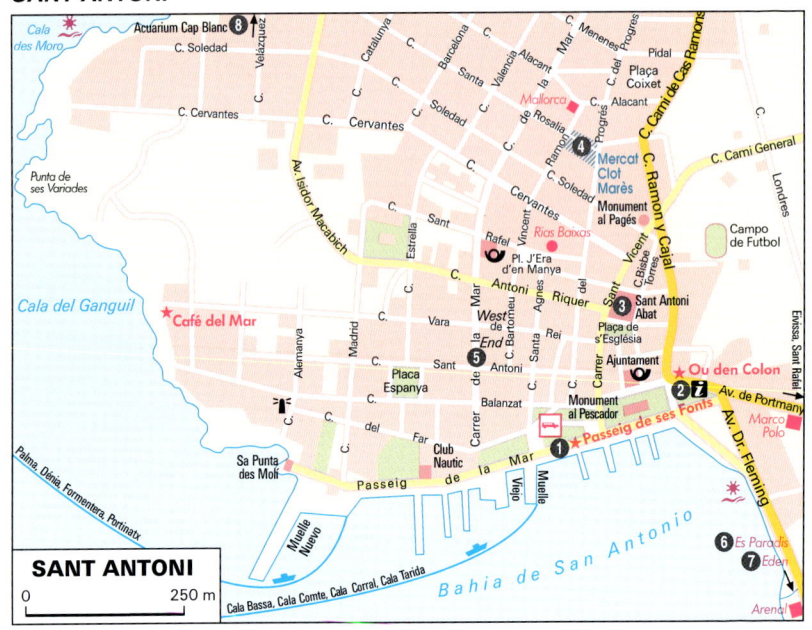

einschiffige Bau wurde wie eine Festung gebaut und war früher mit Kanonen versehen. In der Vorhalle gibt es immer noch die Zisterne, aus der die Belagerten Wasser schöpfen konnten. Das recht schmucklose Gotteshaus besitzt als Zierde ein klassizistisches Altarbild, auf dem der Schutzpatron Sant Antoni zu sehen ist. Hübsch gestaltet mit Palmen und Blumen wurde der Kirchplatz, die **Plaça de S'Església**, an dem sich auch Bars und Restaurants angesiedelt haben.

In der Nähe liegt das Centro Comercial, auf dessen moderne Markthalle **Es Mercat Clot Marès** ❹ die über 14 000 Einwohner stolz sind. Hier kann man sich mit frischen Lebensmitteln eindecken.

Der Krach-Tourismus wurde abgedrängt ins sogenannte **West End**, ein kleines Viertel in der Altstadt zwischen der **Carrer Sant Vicent** und der **Carrer**

Rechts: Sant Antoni Abat, eine Wehrkirche auf maurischen Grundmauern mit einem großen Vorhof und einer Zisterne zur Wasserversorgung bei Belagerungen.

de la Mar ❺, in dem es viele Kneipen gibt und das Bier in Strömen fließt – besonders geschätzt von jungen Briten. Laute Musik unter freiem Himmel ist mittlerweile untersagt, Polizeikontrollen sorgen für Einhaltung dieser Anordnung und sortieren die berüchtigten Hooligans aus. Kultivierter ist die Atmosphäre im **★Café del Mar**, weiter westlich an der **Cala del Ganguil**, wo man sich, wenn die Sonne ins Meer versinkt, bei passender Musik zum *Sundowner* trifft.

Diskogänger haben es in Sant Antoni bequem – die großen Tanztempel liegen im Stadtbereich, nicht außerhalb wie in der Hauptstadt – und kosten weniger Eintritt. Absoluter Renner seit über 25 Jahren ist das **★Es Paradis Terrenal** ❻, die große pyramidenförmige Disko mit mehreren Tanzflächen, Pavillons, Pool und vielen subtropischen Pflanzen an der Avinguda Dr. Fleming, wo sich während der Saison allnächtlich tanzendes Partyvolk drängt. Das **Eden** ❼ in der selben Straße wirbt mit einer 80 000 Watt-Soundanlage um junges Publikum.

SANT ANTONI

Süden und Westen

Ein originelles natürliches Aquarium ist im Norden Sant Antonis zu besichtigen: Auf Holzstegen kann man das **★Acuarium Cap Blanc** ❽ erkunden, eine natürliche, künstlich beleuchtete Meeresgrotte, die Rochen, Schildkröten und Mittelmeerfische in allen Größen und Farben beherbergt.

Strände

Busse und Ausflugsboote bringen tagsüber die Badeurlauber vom Passeig de Ses Fonts zu den Stränden der **Badia de Portmany**, der Bucht von Sant Antoni, den vielbesuchten Stränden **Port d'Es Torrent** oder **Cala Bassa** und darüber hinaus zur **Cala Comte**, **Cala Corral** und **Cala Tarida**. Am Nordrand der Bucht liegen die belebte **Cala des Moro** und die sandige **Cala Gració**. Weiter nördlich, etwas außerhalb, lockt die noch sehr naturnahe Sandbucht **★Cala Salada**, die mit ihrem klaren, türkisfarbenen Wasser ideal zum Baden und auch Schnorcheln ist.

★Cova Santa Agnès

Die heilige Höhle **★Cova Santa Agnès** ㉖, 2 km vom Zentrum Sant Antonis entfernt (zu erreichen auf der Carretera Cas Ramons in Richtung Norden), ist von Mythen umwoben. In der Zeit der Christenverfolgung, als die Mauren auf Ibiza das Sagen hatten, soll sie als unterirdische Kapelle und Zufluchtsort gedient haben. Historisch gesichert ist, dass dort ein Altar stand und bis Mitte des 19. Jahrhundert die Bevölkerung zusammenkam, um mit Musik und Tanz das Fest der heiligen Ines, katalanisch Santa Agnès, zu feiern.

Der Legende nach schenkte ein adliger Schiffbrüchiger, der aus schwerer See gerettet worden war, der Gemeinde ein Bildnis der Heiligen der Seefahrer. Nach Fertigstellung der Kirche wurde es feierlich überführt, verschwand aber mehrmals auf geheimnisvolle Weise aus dem Gotteshaus und kehrte in die Grottenkapelle zurück – bis der Bischof aufgab und das Fest in der Höhle weitergeführt wer-

SANTA AGNÈS

den durfte. Erst als sie einsturzgefährdet war, wurde die Feier in die Wehrkirche von Sant Antoni verlegt, die Höhle geriet in Vergessenheit. 1972 entdeckte man sie wieder. Die Archäologen fanden Kultgegenstände aus punischer, römischer und islamischer Zeit. Mittlerweile sind Wände und Decken ausreichend gesichert, so dass alljährlich am 24. August das Fest wieder unterirdisch gefeiert werden kann.

7 km nördlich von Sant Antoni ragt das steile, 260 m hohe **Cap Nunó** ❷ ins Meer hinaus – eine lohnendes Ziel für Wanderer. Etwas südlich davon befindet sich die **Cova de Ses Fontanelles**; keine Höhle, sondern ein Felsüberhang mit durch Glas geschützten, aber trotzdem kaum noch erkennbaren Spuren von Felszeichnungen aus der Bronzezeit.

Oben: Finca (westlich von Santa Agnès de Corona) in der typisch ibizenkischen kubischen Bauweise, die viele Architekten des 20. Jh. inspirierte. Rechts: Ländliches Ibiza bei Sant Mateu d'Aubarca.

*SANTA AGNÈS DE CORONA

Zur Zeit der Mandelblüte (Ende Dezember bis Februar) ist ***Santa Agnès de Corona** ❷ der anmutigste Platz auf Ibiza. Dann ist es rings um den Ort ganz weiß, als sei Schnee gefallen – bei milden Temperaturen bis zu 20 Grad. Aber das Dorf ist nicht von Schneemassen umzingelt, sondern von einem Meer blühender Mandelbäume. Im Lokal **Can Cosmi** sitzen Residenten und Einheimische stundenlang, genießen den Blick auf die Mandelblütentäler und bedauern Verwandte und Bekannte im „hohen Norden", der für sie in den spanischen Pyrenäen beginnt. Das Dorf ist winzig, es gibt nur einen kleinen Dorfplatz, ein paar kalkweiße Häuser, eine schlichte **Kirche** aus dem frühen 19. Jh. und die Bar mit ihrer beliebten Terrasse. Eine Übernachtungsmöglichkeit in herrlicher Landschaft bietet, 3 km außerhalb, das komfortable Agroturismo-Hotel **Can Pujolet**.

Von **Santa Agnès** aus kann man schöne Wanderungen unternehmen, vorbei an

SANT MATEU / SANT RAFEL

feldsteingesäumten Getreideäckern und Feigenbäumen mit ausladenden Kronen, Olivenhainen und Lavendelfeldern. Ibiza ist hier ländlich, authentisch, noch nicht vom Tourismus erreicht. Westwärts gelangt man bald zum **Cap Negret**, zur dramatischen Steilküste mit der Bucht **Ses Balandres** und den vorgelagerten Felsinselchen **Ses Margalides**.

Die angenehmste Wanderroute ist die 6 Kilometer lange Strecke ostwärts zum Weinbauerndörfchen **Sant Mateu d'Aubarca** ㉙, die über leichte An- und Abstiege führt. Da gibt es immer wieder neue Ausblicke auf das Tal zwischen beiden Orten, das völlig unverbaut ist. Dabei entdeckt man unterwegs seltsame Konstruktionen: Löcher in der Erde, bis zu drei Meter tief und breit, die mit Felsbrocken ausgekleidet sind – die Öfen, in denen früher der Kalk gebrannt wurde, der zum Tünchen der Häuser gebraucht wurde.

Auch die auf Ibiza überall vorkommenden *paredes* sind zu sehen, insbesondere an den zahlreichen terrassierten Weingärten: übereinander geschichtete und fest verschränkte Feldsteine, mit denen man seit alters her versucht, die Erosion aufzuhalten. Im Winter, wenn es manchmal kurz und sintflutartig regnet, wird in höheren Lagen die Erde fortgespült; die Steinbarrieren sollen das verhindern. Die *paredes* ziehen sich über die Insel wie Lebenslinien, sie schneiden und kreuzen sich, folgen Bergzügen und prägen ganze Hanglandschaften. Ihre Gesamtlänge wird auf knapp 10 000 Kilometer geschätzt, ihr Alter auf etwa 1000 Jahre.

Von Sant Mateu kann man noch etwa 4 km weiter wandern: über Can Pereta bis zur romantischen Felsbucht **Cala S'Aubarca**.

*SANT RAFEL DE FORCA

Nur zehn Autominuten von Eivissa entfernt, hat das kleine ***Sant Rafel de Forca*** ㉚ einen großen Ruf als Töpferdorf. Seine Kunsthandwerker fertigen neben Geschirr auch dekorative Kera-

SANT RAFEL

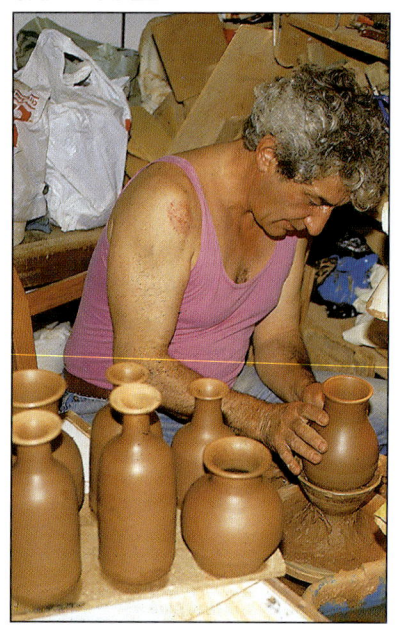

mikwaren, verziert mit punischen und römischen Motiven. Ihre Werkstätten befinden sich fast alle in der Dorfmitte; die Töpfer stellen ihre handgearbeiteten Stücke vor den Häusern aus, beim Preis kann oft gehandelt werden.

Auf dem Hügel thront eine hübsche kleine **Wehrkirche**. Von dort bietet sich ein guter Blick: über die Tiefebene Pla de Vila auf Eivissa mit der „Stadtkrone" Dalt Vila – für Fotografen ist dieser Standort ein Muss. In östlicher Richtung steht auf einem Hügel eine Christusstatue aus dem 19. Jahrhundert, die gelegentlich Ziel von Prozessionen ist.

2,5 Kilometer weiter nördlich kann man beim Trabrennen auf dem **Hipódromo** einen Teil der Urlaubskasse verwetten. Und etwas südlich von Sant Rafael ist jede Nacht Highlife – in der weltbekannten Mega-Disko **Privilege** und im wegen seiner Schaumpartys berühmten Tanztempel **Amnesia**.

Oben: Im Töpferdorf Sant Rafel de Forca.

SÜDEN UND SÜDWESTEN

Victoria, Carretera St. Agustí – Cala Tarida Km 3, Tel. 608 34 09 00, Fax 34 25 72; ganzjährig geöffnetes Hotel mit geräumigen Zimmern, 2 km von der Cala Tarida auf einem Hügel gelegen, schöner Meerblick. **Tarida Beach**, Cala Tarida, Tel. 608 80 04 72; Großhotel, geschickt der Landschaft angepasst, zur Sandstrandbucht hinunter führt der Weg durch blütenüberwucherte Laubengänge. **Hacienda Cala Moli**, Cala Moli, Tel. und Fax 608 80 60 02; kleine, aber aparte Bungalow-Anlage direkt am Meer. **Ses Pitreras**, Avda. Valladolid 1, Port d'Es Torrent, Tel. 971 34 50 00, Fax 34 62 89; schöner kubischer Bau, viele Stammgäste, auch zum Überwintern.

Carmen, Cala d'Hort, Apt. 180, Tel. 908 14 26 61; spezialisiert auf Fischgerichte und ibizenkische Paella, die nicht nur mit Meeresfrüchten, sondern auch mit Hühner- und Kaninchenfleisch bestückt ist. **Cas Mila**, Cala Tarida, Tel. 608 80 04 93; Fischrestaurant etwas oberhalb des Strandes, überaus lecker ist der Fischeintopf Guisado de Pescado, in dem Heilbutt zusammen mit rotem Paprika, Bohnen und Kartoffeln köchelt, in der Saison Samstags Live-Musik. **Es Boldadò**, Cala d'Hort, Tel. 608 90 88 38 27; das Lokal thront auf dem nördlich gelegenen Felsabsatz am Ende der Bucht, hier wird eine ausgezeichnete *Caldereta de langosta* (Langustensuppe) zubereitet. **Malibú**, Platja de Ses Salines, Tel. 608 30 59 74; internationale Gerichte und Meeresfrüchte. **Can Jaume**, Platja Vedella, Tel. 608 80 81 27; mediterrane Küche, v. a. Paella, Reis und Meeresfrüchte. **Rick's Café**, Carrer Valadolid 5, Port d'Es Torrent, Tel. 971 34 76 54; große Anlage mit tropischem Garten, französische Küche. **Ay Jalisco**, an der alten Straße von Port d'Es Torrent, Tel. 971 34 23 93; Tex-mex-Küche.

Bootsfahrt zur **Illa Es Vedrà**: Von **Cala d'Hort**, **Cala Vedella** und **Cala Carbó**.

SANT JOSEP

Bar Bernat Vinya, Sant Josep de sa Talaia, Plaça de sa Església, Tel. 971 34 07 03; hier treffen sich Einheimische und Touristen.

SANT AGUSTÍ D'ES VEDRÀ

Can Berri Vell, Plaça de sa Església, Tel. 971 34 43 21; in einer der ältesten Finca Ibizas – rund 500 Jahre alt – werden spanische Gerichte aufgetischt.

Bar Berri, Plaça de sa Església; Treffpunkt der deutschsprachigen Gemeinde, Bier und Frikadellen, im Sommer schon ab 7 Uhr geöffnet. **Naif**, PM 803, Km 3,9; Openair-Musikbar mit ibizenkisch-arabischem Touch, der DJ legt in einem der Zelte auf.

SÜDEN UND WESTEN

WESTEN

SANT ANTONI DE PORTMANY

Oficina Municipal d'Informacio i Turisme, Passeig de Ses Fonts, Tel. 971 34 33 63.

Stella Maris, Cap Negret s/n, Tel. 971 34 06 00; außerhalb der Stadt an einem bepflanzten Hang gelegene große Clubanlage im maurischen Stil mit kinderfreundlichen Einrichtungen. **Pikes Hotel**, Campo Ibiza (nahe Sant Antoni), Tel. 971 34 22 22, Fax 971 34 23 12, eMail pikes @ctv.es, modernisierte alte Finca, in der schon Julio Iglesias und Mick Jagger samt Anhang wohnten.

Arenal, Avda. Dr. Fleming 16, Tel. 971 34 01 12, Fax 971 34 25 65; renoviertes Mittelklassehotel direkt am Strand. **Can Mirador**, Apto 209, Tel. 971 34 54 91, Fax 971 34 52 26; schöne Clubanlage mit Pool, Fitnessanlagen, Sauna und weitreichendem Blick über Insellandschaft, Meer und im Südwesten vorgelagerte Inseln. **Marco Polo**, Avda. Portus Magnus s/n, Tel. 971 34 10 50; weniger anspruchsvolles Mittelklassehotel am Ortseingang, nahe zur Bucht, Swimmingpool in kleinem Park. **Mallorca**, C/. de Mallorca 9, Tel. 971 34 01 61; schlichte, aber ordentlich geführte Pension an der Markthalle.

Cafeteria es Clot, C/. Antonio Riquer; beliebter Ort zum Frühstücken, gedämpfte Atmosphäre wegen der übermüdeten Nachtschwärmer. **Can Pujol**, Ctra. Vella Port des Torrent s/n, Tel. 971 34 14 07; Fischrestaurant von hohem Standard, nicht gerade billig. **Rias Baixas**, C/. d'Ignasi Riquer 4, Tel. 971 34 04 80; eines der besten Fischrestaurants der Insel in einer unscheinbaren Nebenstraße, galizische Küche. **Sa Capella**, Ctra. de Can Coix, km 0,5, Tel. 971 34 00 57; Restaurant in einer alten Kapelle, meist spanisch-ibizenkischer Küche und Kellnern, die in Tracht servieren.

Café del Mar, C/. Lepanto 4, Tel. 971 34 25 16; hier trifft sich die Szene vor dem nächtlichen Abdrehen und schaut bei passender Musik der Sonne zu, wie sie im Meer versinkt. Man kann aber auch um 9 Uhr morgens hier frühstücken. **Es Paradis Terrenal**, Avda. Dr. Fleming s/n; unter einem gläsernen Pyramidendach wachsen Palmen, es gibt mehrere Tanzflächen, beschallt mit unterschiedlichen Musikstilen, zum Abkühlen gibt es Wasserspiele, das Abtanzen findet gelegentlich im Schaumbad statt, und wer es bis zum Ende gegen 6 Uhr morgens durchhält, wird mit einer Kollektivdusche belohnt. **Eden**, Avda. Dr. Fleming, Tel. 971 34 07 37, insbesondere bei jungen Briten beliebte Groß-Disko auf zwei Ebenen, jeden Freitag Schaumparty. **Extasis**, am Ortseingang von Sant Antoni in gleichnamigem Hotel; Halbwüchsige werden hier in die Rituale der Nacht eingeführt, Ältere stehen hilfreich zur Seite, am Ende geht es allen nur um den Spaß. **Joe Spoon**, C/. Santa Agnès 8; in diesem irischen Pub (mit Guinness) gibt es keine Sperrstunde und die Stimmung ist immer aufgedreht. **Night Life**, C/. Santa Agnès 1, Männer zahlen Eintritt, Frauen kommen gratis rein, dorthin, wo das Bier in Strömen fließt, denn diese Disco ist fest in englischer Hand. **Play 2**, C/. Santa Agnès 3; die Einrichtung von früher, aber immer rammelvoll und gute Stimmung bis in den Morgen.

Pussycat, Passeig Maritim, Tel. 971 34 30 64; hier dreht sich alles ums Bier, einige Sorten sind nach deutschem Reinheitsgebot gebraut. **Sgt. Pepper's**, C/. del Mar 7; Disko-Bar, in der gelegentlich Live-Bands auftreten, täglich geöffnet, Open End.

Cova Santa Agnès, zu erreichen über die Straße nach Santa Agnès, von der nach 2 km rechter Hand eine beschilderte Zubringerstraße abführt. Besichtigung nur Mo 9-12 und Sa 19-21 Uhr, die Führung dauert 20 Minuten.

Quad Safari. Mit einem Quad Runner auf vier derben Stollenreifen (mit oder ohne Fahrer) durch das Hinterland von Sant Antoni oder an der Küste entlang. Rent a Quad, Avda. Dr. Fleming 38, Tel. 971 34 25 35.

SANTA AGNÈS DE CORONA

Can Pujolet, Agroturismo Santa Ines, 3 km nördlich von Santa Agnès, Tel. 971 80 51 70, Fax 971 80 50 38, eMail ninac@mx3.redestb.es; umgebaute ehemalige Finca, wunderschön in einem Mandelbaumgebiet über den Tälern gelegen, die acht Apartments sind traditionell und schick zugleich eingerichtet, Mountainbikes stehen zur Verfügung.

Can Cosmi, am Kirchplatz, Tel. 971 80 50 20, ganzjährig geöffnet; hier gibt es u. a. ausgezeichnete *tortilla espanola* umd guten Landwein.

SANT RAFEL DE FORCA

C'an Bernat, Carretera Sant Miquel, Tel. 971 19 70 14; hübsch gelegenes Lokal mit einheimischer Küche. **La Luna de Miel**, an der Hauptstraße; Mittelklasselokal, das auch Einheimische gern besuchen. **L'Éléphant**, Plaça d'Es Esglesia, Tel. 971 19 80 56; französische Küche.

Ceramicas Es Moli, Ceramicas Icardi und **Ceramica Can Kinoto** sind die am besten bestückten Werkstätten, die Keramikwaren verkaufen. Sie befinden sich alle im Ortskern.

Privilege, Straße nach Sant Antoni, Km 7 (bei Sant Rafel), Tel. 971 19 81 60; Mega-Disco mit Platz für bis zu 10 000 Besucher.

Amnesia, Tel. 971 19 10 41; Groß-Disco mit zwei Ebenen, berühmte DJs legen hier auf, Schaumpartys um 4 Uhr morgens.

NORDEN UND OSTEN

NORDEN UND OSTEN

NORDEN
PORTINATX
OSTKÜSTE
SANTA EULÀRIA
TALAMANCA

Im Norden gibt es noch keine „angesagten" Diskos, aber zwischen Portinatx und Port de Sant Miquel herrliche Badebuchten, malerische Steilküsten, üppige Vegetation, Piratentürme und geheimnisvolle Höhlen.

Der Osten Ibizas ist besonders familienfreundlich, einige Ferienclubs haben sich auf diese Klientel eingestellt; touristisch entsprechend gut erschlossen sind die Ostküstenstrände um Santa Eulària.

Santa Gertrudis de Fruitera

An der Straße nach Norden, in **Santa Gertrudis de Fruitera** ❶, das mitten im hügeligen, an Obst- und Weingärten reichen Inselinneren liegt, treffen Ausflügler vor allem auf gutbetuchte Wahl-Ibizenker. Insbesondere am Wochenende fahren die „Residenten", darunter auch viele Deutsche, in schicken Autos und auf blank gewienerten Motorrädern vor, sitzen in den Cafés, holen sich ihre Post ab, stöbern in Antiquitätenläden, Life-Style-Boutiquen und Galerien oder betrachten Zigarre schmauchend das Defilee der Schönen und Vermögenden.

Das kleine Dorf ist nur noch rund um die schlichte **Kirche** (18. Jh.) traditionell geprägt. Am Rand stehen zeitgenössische

Links: An der Strandbar von S'Aigua Blanca.

Bauten, der Ortsteil **Sa Nova Gertrudis** ist erst in den 1990er Jahren gewachsen, gestaltet im kubistischen Stil. Dort gibt es auch eine internationale Buchhandlung an der Hauptstraße, das **Libro Azul**, kombiniert mit einer Galerie. Ibizenkische und ausländische Künstler, die auf Ibiza arbeiten, sind sehr darauf bedacht, ihre Arbeiten in den renommierten Galerien dieses Dorfes auszustellen.

Der Besitzer der **Bar Costa**, der im Schankraum von der Decke baumeln lässt, gilt als größter Privatsammler der Insel. Jahre lang nahm er als Entgelt für Speis und Trank von bedürftigen Künstlern Bilder an. Mittlerweile hat er kaum noch Platz. Manche dieser Werke ausländischer Künstler, die er mit „durchgefüttert" hatte und die es inzwischen zu Anerkennung brachten, stellen heute beträchtliche Werte dar.

Unterhaltsam versteigert werden Gemälde, Antikes und Kuriositäten im Auktionshaus **Casi Todo** („3 tolle weiße Hühner aus Zement – nur 12 000 Pesetas!").

Dass es eine Bilderliebhaberin mit Mut zur Spitzengaleristin auf dem Land bringen kann, beweist die **Galeria es Moli** an der Straße nach Sant Miquel (1,3 km). Hier werden von der französischen Besitzerin einheimische und internationale Künstler ausgestellt, darunter auch Dalí, Miró und Picasso (nur abends geöffnet).

SANT MIQUEL

DER NORDEN

Sant Miquel de Balansat

Im grünen Inselnorden, mitten in der Landwirtschaft, liegt **Sant Miquel de Balansat** ❷. Seine Häuser gruppieren sich um die imposante Wehrkirche ★**Sant Miquel Arcangel**, die im 16. Jh. auf einem Hügel errichtet wurde, geweiht dem Erzengel Michael. Die Vorderseite mit ihren Rundbögen wirkt einladend, die Rückseite hingegen präsentiert sich als Bollwerk. Das Längsschiff mit seinen gotischen Bögen bildet zusammen mit den beiden Seitenkapellen im Grundriss ein Kreuz. Sehenswert sind die Decken- und Wandmalereien in der 1691 angebauten **Capilla de Benirràs**; 1994 wurden sie von internationalen Spezialisten aufwändig restauriert. Der Bogen, durch den man die Kapelle betritt, trägt den Namen *Porta de Ses dones*, Frauentor. Im Vorhof der Pfarrkirche findet jeden Donnerstag abend eine große, gutbesuchte ★**Folkloreveranstaltung** statt, mit ibizenkischer Musik, Trachtentanz und Landweinausschank, und außerdem ein Kunsthandwerkermarkt.

Heute profiliert sich Sant Miquel immer mehr als kleines Zentrum des Nordens und profitiert dabei vom Tourismus in seinem 4 km entfernten Hafenort Port de Sant Miquel.

Port de Sant Miquel

In den Zeiten des Tourismus-Booms wurde die einst idyllische Bucht **Port de Sant Miquel** ❸, bereits in der Antike als Naturhafen geschätzt, zum perfekten Ferienort ausgebaut. Er wirkt allerdings etwas steril, die Bucht zugestellt mit Hotelbettenburgen; die großen Hotels wurden einfach in die Hänge hinein gesetzt. Port

Oben: In der Bar Costa in Santa Gertrudis konnten früher Künstler ihre Zeche notfalls mit Bildern bezahlen. Rechts: Baden in der windgeschützten Bucht von Port de Sant Miquel ist auch vor und nach der Hauptsaison möglich.

COVA DE CAN MARÇÁ / NA XAMENA

de Sant Miquel besitzt Souvenirläden, Restaurants, Bars und eine kleine Diskothek. Die gesamte Bucht ist windgeschützt, deshalb kann man hier auch noch außerhalb der Saison baden. Ein Spazierweg führt an der Westseite der Bucht entlang zur kleinen Bucht **Cala dels Moltons** und zur Ruine des historischen Wehrturms **Torre d'Es Molar**.

In der etwas weiter nordöstlich gelegenen, auch von Yachtkapitänen gerne besuchten herrlichen Sand- und Kies-Bucht *****Cala de Benirrás** mit ihrem glasklaren Wasser treffen sich sonntags und in Vollmondnächten Hippies, machen Musik oder trommeln einfach nur.

*Cova de Can Marçá

Als „Schmugglerhöhle" bekannt war früher die *****Cova de Can Marçá** im Nordosten von Port de Sant Miquel nahe der Platja de Sant Miquel. Leute, die an Gesetz und Obrigkeit vorbei ihre Geschäfte tätigten, hatten hier ein natürliches Depot für ihre Waren. Forscher ha-

ben hier Fossilien und Knochen längst ausgestorbener Tiere, vor allem großer Vögel, ausgemacht, aber auch die roten und schwarzen Markierungen gefunden, die einst den Schmugglern den Fluchtweg wiesen. Es wird geschätzt, dass die geräumige Höhle rund 100 000 Jahre alt ist. Verwunschen wirken die Gänge, geheimnisvoll die Kalksäulen, bizarr die Tropfsteinformen. Weil Wasser von oben durchsickert, haben sich aus dem gelösten Kalk an der Decke Stalaktiten und am Boden Stalagmiten bilden können. Bei Führungen gibt es musikuntermalte, farbige Lichtspiele, und ein computergesteuerter Wasserfall rauscht über die Felsen herab. Das Wasser wird danach wieder nach oben gepumpt. (Täglich von 10.30-13.30 und 15-19 Uhr geöffnet)

*Na Xamena

Über der traumhaft schönen Bucht *****Na Xamena** ❹ thront das **La Hacienda**, das bisher einzige Fünf-Sterne-Hotel der Pityusen. Sein Thema in der Innenar-

SANT LLORENÇ DE BALÀFIA

chitektur und vor allen in seiner „Küche mit Geschichte" ist ein Stück Wiederbelebung der punischen Zeit. Im Restaurant wird vorgeführt, dass die Karthager schon eine recht verfeinerte Kulinarik besaßen; die alten Rezepte werden nachgekocht und dabei modernen Geschmackserwartungen angeglichen.

Unterhalb des Hotels mit seinem zauberhaften Poolbereich gibt es einen kleinen Strand, zu dem man etwas beschwerlich zu Fuß absteigen kann – er gehört zu den schönsten der Insel. Am besten ist er mit dem Boot zu erreichen, dabei hat man die beeindruckende Felskulisse vor sich.

*Sant Llorenç de Balàfia

Das altehrwürdige Dorf ***Sant Llorenç de Balàfia** ❺ macht einen hüb-

Oben: Im Dorf Balàfia konnten sich die Bauern bei Überfällen in ihren Wehrtürmen in Sicherheit bringen. Rechts: Ein uralter Olivenbaum bei Sant Joan de Labritja.

schen, gepflegten Eindruck. Von kräftigem Rot zeigt sich die Erde, sattgrün ist das Weideland. Sorgsam sind die Steinmauern, die der Terrassenbildung dienen, aufgeschichtet; unter den uralten Oliven- und Johannisbrotbäumen der Fincas grasen die Schafe.

Anders als Santa Gertrudis hat sich Sant Llorenç sein ursprüngliches Aussehen weitgehend erhalten. Das winzige Dorf mit seinen wenigen Häusern und Gehöften und der **Kirche** aus dem 18. Jh. liegt rund 10 km vom Meer entfernt in der fruchtbaren Ebene **Es Pla d'Atzaró**. Ein bescheidener Wohlstand war hier stets vorhanden, deshalb musste es sich in früheren Zeiten auch häufig gegen Piraten und andere missgünstige Zeitgenossen zur Wehr setzen.

So entstand weiter nordöstlich im Weiler ****Balàfia** eine regelrechte Trutz-Architektur, die den französischen Architekten Le Corbusier von einer „seltsamen und reinen Architektur" sprechen ließ. Wenn Gefahr drohte, zogen sich die Bauern in ihre **Wehrtürme** zurück, die nicht

PORTINATX

unten, sondern auf halber Höhe einen Eingang hatten. Waren die Leitern eingeholt, blieben die Turmbewohner unerreichbar, mussten allerdings warten, bis die Luft wieder rein war. Die aus dicken Bruchsteinen gebauten Türme waren einst mit weißen Kreuzen bemalt, zum Schutz gegen böse Geister. Daneben stehen kubische, maurisch anmutende Bauernhäuser. Verbunden mit den Bautraditionen ihrer Insel, haben die heutigen Bewohner die Zugänge zu den Häusern wieder mit Natursteinen ausgelegt; die alten Türen sind noch aus Phönizischem Wacholder (*Sabina*).

Man kommt hier als Tourist den ursprünglichen Lebensformen recht nahe. Das betrifft auch die Küche im rustikalen Landgasthof **Es Pins** gleich hinter Sant Llorenç in östlicher Richtung: Sie ist typisch ibizenkisch und offeriert *sofrit pagès*, den nahrhaften Eintopf, aber auch spezielle *Paella*. Dazu wird im Steinofen gebackenes braunes Brot serviert und Landwein, der aus eigenem Anbau stammt.

PORTINATX

Portinatx ❻ zählt zu den modernen Urbanisationen der Insel, touristisch voll erschlossen. Die Engländer haben einst den Tourismus hierher gebracht, und sie stellen immer noch – vor den Deutschen – das größte Gästekontingent.

Der Ort ist von schönen Buchten umgeben. Zu Portinatx selbst gehören die Strände **Petit Arenal**, von hohen Pinien beschattet, **Grand Arenal**, mittels Sandaufschüttungen vergrößert und mit einer Wasserrutsche ausgestattet, sowie die schmale ***Cala Es Port**, deren Sandstrand tief in die Bucht einschneidet. Hier landen kleine Boote an, es gibt auch einige einfachere Restaurants.

Vor dem Hafen weist ein Schild zur ***Cala Xarraca** ❼, einem teilweise mit Sand aufgeschütteten Strand, der von Liebespaaren und Melancholikern als besonders romantisch geschätzt wird. Die Villenanlage auf dem Berg darüber gehörte früher der Schauspielerin Ursula Andress (1962 Bond-Girl in *Dr. No*).

SANT JOAN

Östlich von Portinatx bietet sich die **Cala d'En Serra** als ruhigere Alternative zu den Hauptstränden an.

Sant Joan de Labritja

Die 4000-Einwohner-Gemeinde **Sant Joan** ❽ ist eine Art Reservat für Hippies und von liberalem Geist erfüllt; Esoteriker und ehemalige Bhagwan-Jünger sind hierher gezogen.

Die Bewohner sind fleißige, pragmatische Leute, die liebevoll Dorfverschönerung betreiben. Sant Joan ist eine der schmuckesten Kommunen der Insel, umgeben von Weingärten, Kartoffeläckern und Feldern mit Mandel- und Johannisbrotbäumen. Es ist zudem Verwaltungssitz der Weiler Balansat, Balàfia, Portinatx und Sa Cala. Auch die Veteranen der Subkultur haben sich hier verdient gemacht. Sie wohnen in gut hergerichteten Häusern, ein Teil der Lokale und Geschäfte wird von ihnen betrieben, aber auch Heilpraktiker und Wahrsager finden hier ihr Auskommen.

Treffpunkt der alternativen Szene ist traditionell die **Bar Vista Alegre**, wo Wein vom Fass und Kräuterlikör (*Hierbas*) aus eigener Produktion ausgeschenkt wird, aber auch köstliche inseltypische Gerichte auf den Tisch kommen. Sie steht neben der ziegelgedeckten Dorfkirche **Esglèsia de Sant Joan** (18. Jh.).

In den frühen Morgenstunden empfiehlt sich eine Wanderung nordwärts nach Portinatx ans Meer (Gehzeit etwa 3 Std.) oder aber zum ***Furnas**, einem 410 m hohen Aussichtsberg südlich von Sant Joan in der **Serra de la Mala Costa** (2 Std.).

DIE OSTKÜSTE

Sant Vicenç

Die ruhige Streusiedlung **Sant Vicenç de sa Cala** ❾ ist schön gelegen im bergigen bäuerlichen Hinterland, in piratensi-

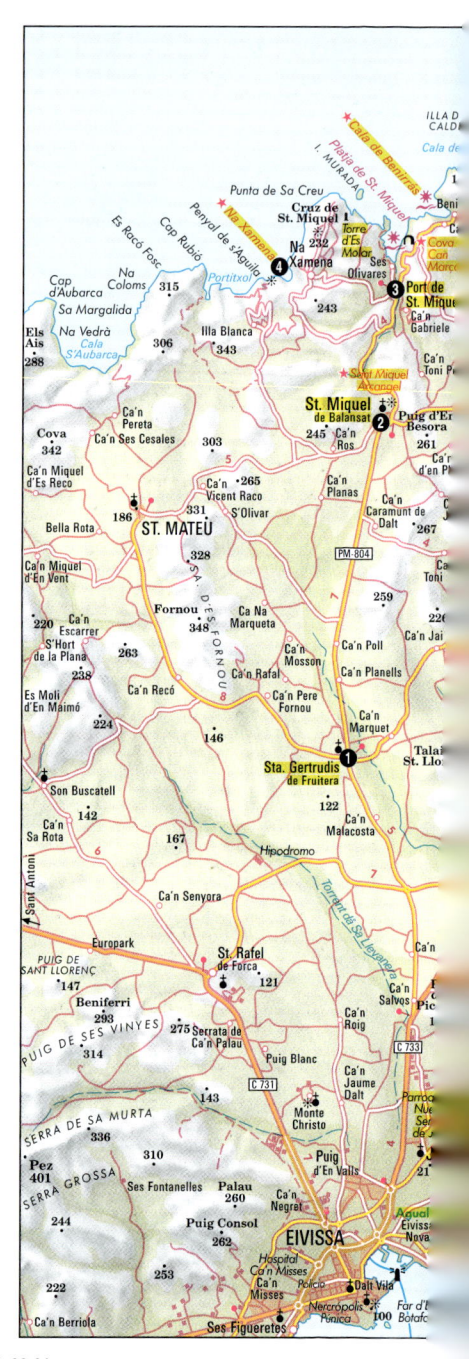

NORDEN UND OSTEN

Map of the northern and eastern part of Ibiza showing towns, villages, coastal features and roads.

Key locations visible include:

- Portinatx (6)
- Cala Xarraca (7)
- Sant Joan de Labritja (8)
- Sant Vicenç de sa Cala (9)
- Cala de St. Vicenç (10)
- Platja d'Es Figueral (11)
- Sant Carles de Peralta (12)
- Pou d'Es Lleó (13)
- Illa de Tagomago (14)
- Cala Mastella (15)
- Cala Llenya (16)
- Cala Nova (17)
- Platja d'Es Caná / Es Caná (18)
- Santa Eulària d'Es Riu (19)
- Cala Llonga (20)
- Roca Llisa (21)
- Platja S'Estanyol (23)
- St. Llorenç de Balàfia (5)

NORDEN UND OSTEN

0 — 2,5 km

53

CALA DE SANT VICENÇ

cherer Entfernung – gut 3 km – von der Küste. Die weiße **Kirche** des Ortes war ein typischer Fluchtort: Wenn es zu Seeräuberangriffen kam, verschanzten sich hier die Bewohner der umliegenden Siedlungen. Die 1771 vollendete schlichte Hallenkirche mit Tonnengewölbe besitzt mehrere Kapellen mit klassizistischen Altären und Heiligenfiguren. Wertvoll ist die Skulptur des heiligen Jakob mit der Muschel.

Nahe der Kirche gibt es eine Bar und einen Kramladen.

Folgt man dem mit dem Eleonorenfalken markierten Wanderweg, erreicht man nach 6 km die Bucht von Sant Vicenç im Osten. Nordwärts führt ein landschaftlich reizvoller Abstecher zur Kiesbucht ***Port de Ses Caletes**.

Oben: Im Mercado del Campo (Can Sort, bei Sant Joan) kann man samstags Produkte der Region aus ökologischem Anbau erwerben. Rechts: Im Sommer viel besucht – der Sandstrand von Es Figueral mit der Clubanlage Cala Blanca.

*Cala de Sant Vicenç

Der Strandort ***Cala de Sant Vicenç** ❿ wird umrahmt von bewaldeten Hängen. Die hier reizvoll sich ins Meer hinausschiebende Landzunge endet an der **Punta Grossa**; aus 174 m Höhe genießt man einen schönen Blick über die Steilküste. In einer Höhle in der Nähe, der **Cova d'Es Cuieram**, fanden Archäologen 1907 die berühmte Büste der punischen Göttin Tanit. Nur zu Fuß oder per Boot gelangt man zur sehr schönen kleinen Bucht **Cala d'Es Jonc** etwas weiter nördlich.

Die Cala de Sant Vicenç selbst ist zwar mit großen Hotels ziemlich vollgestellt, aber der Sandstrand ist breit, das Wasser klar und die Bucht geschützt. Vermieter von Liegestühlen, Sonnenschirmen und Tretbooten machen hier gute Geschäfte. Junge Leute sind eher die Ausnahme, wer hier logiert, ist etwas abgeschnitten vom „Vergnügungsdampfer" Eivissa-Stadt; die Busverbindungen sind nicht besonders gut und Taxis wegen der Entfernung

ES FIGUERAL / SANT CARLES

teuer. Deshalb bleiben Sonnenanbeter und Ruhegenießer an dieser *Cala* unter sich.

Es Figueral

Die familienfreundliche Feriensiedlung **Es Figueral** mit ihren Bauten aus den siebziger Jahren besitzt wenig Charme, hat aber Anschluss an die ***Platja d'Es Figueral*** ⓫, einen wunderschön gelegenen breiten Sandstrand, von Felsen umrahmt. Die oberhalb des Strandes erbaute Clubanlage **Cala Blanca** mit Restaurants, Geschäften und einem Supermarkt ist fest in deutscher Hand. Tauch- und Windsurfschulen bieten ihre Dienste an, es gibt auch ein Feld für Beach-Volleyball.

Weiter nördlich, hinter Felsen versteckt, dient der lange, schmale, von Klippen unterbrochene Sandstrand **S'Aigua Blanca** (*Aigües Blanques*) als offizieller FKK-Strand, den aber nicht nur Späthippies sondern auch Familien mit Kindern gerne aufsuchen.

*Sant Carles de Peralta

Der kleine Durchgangsort ***Sant Carles*** ⓬ ist der Handelsplatz der Hippies und ihrer Nachfahren. Im Kulturzentrum **Las Dalias**, 1 km südlich von Sant Carles, bieten samstags die Blumenkinder auf dem ***Hippiemarkt*** ihre Produkte feil. Viele von ihnen sind fingerfertige Kunsthandwerker, basteln Schmuck oder töpfern; von Rajasthan-Decken bis zu Bali-Sarongs reicht das Angebot der Textilhändler. Geschäfte zwischen echten Veteranen der Woodstock-Generation werden hier noch per Handschlag besiegelt.

Als Nachrichtenbörse dient **Anita's Bar**, ein Platz der Kommunikation und Lebensfreude, über den die Spät-Hippies auch postalisch zu erreichen sind – hier hängen ihre Briefkästen. Ansonsten gibt es noch einen Laden, die wehrhafte kleine **Dorfkirche** aus dem 18. Jh. mit einer geschnitzten Golgathagruppe aus dem 20. Jh. und daneben das Ausflugsrestaurant **Sa Peralta**.

Norden und Osten

CALA MASTELLA

**Die Küste zwischen Punta d'En Valls und Punta Arabí

Im Osten von Sant Carles lassen sich wildromantische Buchten entdecken wie z. B. die *Cala es Pou d'Es Lleò ⓭, die sich gut zum Sonnen, Baden und Schnorcheln eignet. Auf der Landspitze **Punta d'En Valls** steht einer der am besten restaurierten Piratentürme, der **Torre d'En Valls**, von dem aus man einen schönen Rundblick bis hinüber zur menschenleeren Insel Tagomago genießt.

Das Felseneiland *Illa de Tagomago ⓮ wurde früher nur von Fischern aufgesucht. Dass auf der Naturschutzinsel ein Deutscher ein Haus bauen konnte, hat viele Insulaner empört. Der geplante Bau einer Ferienanlage wurde durch eine Bürgerinitiative erfolgreich blockiert. Aber mit einem Ausflugsboot, z. B. von Santa Eulària oder Es Figural, gelangt man problemlos zu der nur 1,5 km^2 großen und dabei 114 m hohen Insel, auf der Möwen bevorzugt nisten. Taucher und Schnorchler sind hier richtig, denn rund um das felsige Inselchen erstreckt sich eine interessante Unterwasserlandschaft.

Noch kaum verbaut präsentiert sich die dunkelsandige, nur über eine Treppe zu erreichende **Cala Boix**. Die benachbarte *Cala Mastella ⓯ ist eine kleine Fischerbucht, der Strand mit Sand aufgeschüttet. Hier regiert ein Original mit Schnauzbart, *Don Bigotes* genannt, der ein Fischrestaurant betreibt. Das wohl originellste Fischlokal der Pityusen ist über einen Weg von Can Jordi durch den Pinienwald zu erreichen. Reservieren ist unerlässlich (kein Telefon). Eine Speisekarte gibt es nicht, gegessen wird, was auf den Tisch kommt. Meist ist es eine Fischsuppe, die im Kessel auf offenem Feuer zum Köcheln gebracht wird, eine raffiniert gewürzte *guisado de pescado-arroz*. Dazu gibt es Reis aus dem Fischsud, was viele Gäste für das Beste am ganzen Es-

Oben: Auf dem Hippiemarkt Las Dalias bei Sant Carles de Peralta. Rechts: Der Puig de Missa wird von der wehrhaften Església de Santa Eulària gekrönt.

ES CANÁ / SANTA EULÀRIA

sen halten, und *porrón*, einen Hauswein aus der Schnabelflasche.

Die 100 m breite **Cala Llenya** ⓰ befindet sich an der breiten Mündung eines ausgetrockneten Wildbachs. An beiden Seiten schließen Felsen die Bucht ab, der Sand ist fein. Der Meeresgrund sinkt mäßig ab, so dass hier auch Kinder ins Wasser können. Es gibt ein ibizenkisches Restaurant und einen Bootsverleih, und man kann von hier schöne Spaziergänge durchs Hinterland unternehmen.

Die **Cala Nova** ⓱ besteht aus einem grobkörnigen natürlichen Sandstrand, der durch Felsen in der Mitte geteilt ist. Daneben macht sich **La Joya**, eine große Apartmentanlage, breit.

Von Hotels und Ferienhäusern umzingelt, ist die große **Platja d'Es Caná** ⓲ (*Canar, Canyar*) zudem recht belebt, weil Busse Strandurlauber von Santa Eulària herüber bringen. Der Sandstrand ist angenehm und familienfreundlich, das Wasser in der Bucht sehr ruhig. Auf dem Gelände des **Club Punta Arabi**, dem Megaclub für deutsche Twens (mit „Giga-Disco"), findet mittwochs ein großer kommerzialisierter **Hippiemarkt** statt.

In Gehentfernung von Santa Eulària (3 km) liegt die vielbesuchte kinderfreundliche Sandbucht **Cala Pada**, mit Clubhotel und Bootsverleih.

*SANTA EULÀRIA D'ES RIU

Das Städtchen ***Santa Eulària d'Es Riu** ⓳ ist von den 3 Hauptbadeorten der Insel der kleinste und ruhigste, mit langem Stadtstrand und entspannter Atmosphäre, ohne aufregendes Nachtleben.

Mit dem Tourismus kamen zwar zunächst auch Briten, die ihre lärmende Bier- und Fish'n'Chips-Kultur mitbrachten. Doch das war den Ibizenkos fremd, und inzwischen haben sie ihre alten, gemütlichen Lokale in den Gassen wieder selbst übernommen und die spanische Tapas-Kultur hat verlorenes Terrain zurück erobert. Auch die entfesselte Hotelbautätigkeit, die in den 1970er Jahren das Stadtbild zu verschandeln begann, ist in geordnete Bahnen gelenkt worden. Vom

SANTA EULÀRIA

neuen Yachthafen, der **Marina** ❶ mit ihren schicken Booten und eleganten Restaurants (herausragend: *Doña Margarita*), erstreckt sich bis zur Flußmündung des Riu am Mariners Beach der künstlich aufgeschüttete gepflegte Sandstrand, die **Platja**. Parallel dazu verläuft die zum Bummeln einladende, Palmen bestandene Uferpromenade, der großzügige **Passeig Maritim** ❷. Hier warten zahlreiche moderne Cafés, Eisdielen (*Miretti* serviert exzellentes Gelato) und Lokale mit Tischen im Freien auf Kundschaft.

Mittelpunkt der Stadt ist die schattige ***Rambla** ❸ (*Passeig de S'Alamara*), eine kurze Flanierzone zwischen der Strandpromenade und der Hauptstraße Sant Jaume. Souvenirhändler, Porträtmaler und Lebenskünstler haben hier ihre Stände. Das Denkmal am oberen Ende der palmengesäumten **Plaça d'Espanya** ❹, wo auch das Rathaus steht, ist den Seeleuten der Stadt gewidmet, die 1930 Passagiere und Besatzung des Dampfers *SS Mallorca* aus Seenot gerettet haben. Hier startet auch eine gummibereifte Bimmelbahn zu einer zweistündigen Rundfahrt.

Die verkehrsreiche **Carrer Sant Jaume** verbindet das neue Viertel **Sa Vila** und die historische Oberstadt. Im „In-Viertel" des Städtchens um die ***Carrer Sant Vicent** ❺ gibt es hübsche Boutiquen und gute Restaurants; abends mutiert sie, für den Verkehr gesperrt, zur „Fressgasse". An der Carrer del Sol kann man sich tagsüber in der modernen Markthalle, dem **Mercat** ❻, mit Obst, Gemüse und leckeren *tapas* eindecken.

Die kleine **Altstadt** mit ihren kubischen weißen Häusern gehört zu den schönsten Stadtbildern Ibizas. Sie liegt am Hang des 66 m hohen „Messbergs" **Puig de Missa**, auf dem die kalkweiße Wehrkirche ****Església de Santa Eulària** ❼ mit ihrer mächtigen Wehrturm-Apsis und den beiden ziegelgedeckten Seitenkapellen in der Sonne brütet. Entstanden ist sie im 14. Jh. auf den Grundmauern einer arabischen Moschee. So friedlich wie heute ging es auf dem Hügel nicht immer zu: Das Städtchen war oft Angriffsziel marodierender Seeräuber und Piraten. Deshalb war die Kirche mit meterdicken Mauern ausgestattet, sie ist die wohl markanteste Wehrkirche der Pityusen. Bis ins frühe 20. Jh. hinein waren sogar Kanonen auf ihrem Dach postiert.

Der benachbarte **Cementeri des Puig de Missa** ist ein Friedhof, in dem die Verstorbenen überirdisch in bis zu fünf Stockwerken hohen Totenhäusern bestattet sind, unter ihnen auch deutsche, englische, holländische und italienische Residenten.

Zum Volkskundemuseum umgewidmet hat man das historische Bauernhaus Can Ros; zu sehen sind hier im **Museu Ethnològic** u. a. alte Trachten, ibizenkischer Schmuck, Küchengeräte, Werkzeuge und ein Weinkeller.

Zur **Alten Brücke** ❽ über den Riu gibt es eine witzige Legende: Als einst wieder einmal der Steg vom Hochwasser des *Riu* zerstört worden war, platzte dem Bürgermeister der Kragen. „Soll das doch der Teufel wieder aufbauen!" rief er erbost. Der Geschwänzte war sofort zur Stelle und versprach eine neue Brücke. Als Gegenleistung forderte er die Seele des Lebewesens, das zuerst die Brücke überqueren würde. Der Bürgermeister griff zu einer List und jagte einen Hund über die Brücke. Darüber war der Teufel alles andere als erfreut: Wütend riss er einige Steine aus dem Bauwerk und verschwand. Tatsächlich, der alten Brücke fehlen einige Steine. Heute wird sie nur noch von Fußgängern benutzt. Allerdings kam der Brücke mit der Zeit auch der Fluss fast abhanden, der einzige ganzjährig Wasser führende Ibizas, der früher Kornmühlen angetrieben und die Stadt wohlhabend gemacht hatte. Der hohe Wasserverbrauch des Hotels ist eine der Hauptursachen für den Wasserschwund.

Geht man am von Palmen gesäumten **Passeig d'Es Riu** ❾ am Flußbett entlang

CALA LLONGA / JESÚS

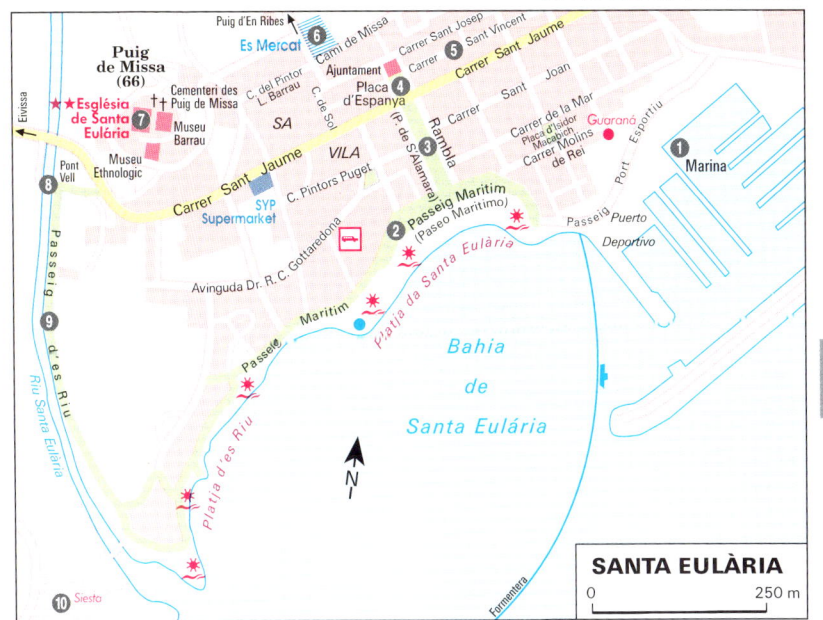

meerwärts, gelangt man zu einer Holzbrücke, die über die Riu-Mündung zum Feriendorf **Siesta** ⑩ mit seinen weißen Villen führt. Wandert man dagegen von der Neustadt nach Nordwesten, erreicht man nach rund 2 km den 218 m hohen Aussichtshügel **Puig d'En Ribes**.

*Cala Llonga

Wie ein kleiner Fjord erscheint die Bucht des Badeorts ***Cala Llonga** ⑳ (4 km südlich von Santa Eulària), tiefblau schimmert das Wasser, der 200 m lange Strand besteht aus feinem Sand. Kinder und Familien sind hier zu Hause, kaum irgendwo lassen sich Sandburgen besser bauen. Die flach abfallende Bucht ist von großen Hotels und Felsen eingerahmt und nach Osten hin geöffnet; aus den Wäldern mündet ein Wildbach ins Meer. Neben Restaurants und Bars gibt es auch Wassersportangebote. Wer in Richtung **Punta Rotja** läuft, hat einen besonders schönen Blick auf Felsen, grüne Kiefernwälder und leuchtendes Wasser.

In der Nähe des **Golfclubs Roca Llisa** ㉑ (27-Loch-Platz, nicht nur für Mitglieder) gibt es noch zwei – sehr kleine – Badebuchten: die felsige **Cala Olivera**, nur 30 m breit, und die schmale **Cala Espart**.

Jesús

Jesús ㉒ ist der Ort mit dem schönsten Altar Ibizas. Er befindet sich in der 1549 errichteten, schlichten Wehrkirche, die etwas abgelegen ist zwischen Mauern und Gärten. 1992 wurde die **Parroquia de Nuestra Senora de Jesús** komplett restauriert, seitdem ist das siebenteilige spätgotische ****Altarbild** von 1598 wieder ein Wallfahrtsziel für Kunstliebhaber. Es stammt aus der valencianischen Schule, sein Schöpfer ist Juan Rodrigo de Osona. Zu sehen ist eine stillende Maria, umgeben von den vier Aposteln und dem hl. Franz von Assisi.

Von Jesús lohnt ein Abstecher 4 km ostwärts zur mit grobkörnigem Sand und einer Bar aufwartenden, etwa 100 m breiten **Platja S'Estanyol** ㉓.

TALAMANCA

*Talamanca ❷ ist mittlerweile ein Vorort Eivissas, von dem es durch die Landzunge **Punta Grossa** getrennt ist, besitzt jedoch eine ganz eigene Atmosphäre. Die weitgeschwungene, flache Bucht hat einen breiten Strand mit feinem Sand; ein guter Tipp für Familien, Windsurfer und Sonnenanbeter. Hier hat man mehr Ruhe als an den südwestlich der Hauptstadt direkt in der Einflugschneise gelegenen Stränden, und Kinder freuen sich über das Spaßbad **Agualandia** mit seinen aufregenden Wasserrutschen.

In den Hügeln um das **Cap Martinet**, etwas weiter ostwärts, sind seit den 1960er Jahren architektonisch eigenwillige Villen entstanden, die durchaus sehenswert sind.

Oben: Das spätgotische Altarbild von 1598 in der Parraquia de Nuestra Senora de Jesús ist ein lohnendes Ziel für Kunstliebhaber (Ausschnitt).

DER NORDEN

SANTA GERTRUDIS DE FRUITERA

Cas Gasi, Apto. 117, Tel. und Fax 971 19 71 73, eMail: casgasi@steinweb.net; Agro-Tourismus in einer einstigen Finca, die zum Luxus-Refugium stilisiert wurde.

Bar Costa, Tel. 971 19 70 21; legendäres Restaurant mit Kunst an den Wänden und Schinken von der Decke; Paella in Riesenpfannen. **Amar Lu**, an der Landstraße nach Eivissa, Tel. 971 31 45 54; baskische Küche.

Il Geranio Rosa, Banca Matutes 2, Tel. 971 19 70 53; Familienbetrieb mit internationaler Küche und gemütlichem Schankraum. **La Plaza**, Plaça d'Es Esglesia, Tel. 971 19 70 75; gepflegtes Restaurant mit Palmengarten und französischer Küche. **Ca'n Cans**, C 804, km 3,5, Tel. 971 19 75 16; Land-Restaurant mit Grill-Spezialitäten.

Casi Todo, Tel. 971 19 70 23, im Sommer jeden ersten Samstag im Monat Versteigerung: Möbel, Bilder, Kuriositäten, tägl. außer So 11-20 Uhr.

SANT MIQUEL DE BALANSAT

C'as Ola, Aptdo. Correos 777, Tel. 971 33 45 87, Fax 33 46 04; neues Hotel in alter Hülle.

Can Gall, Ctra. de Sant Joan, Km 11,6 (bei Sant Llorenc), Tel. 971 33 29 16; bekannt für leckeres Fleisch vom Grill.
Cana Pepeta, Ctra. de Sant Joan, Km 14,4, Tel. 971 63 19 49; traditionelle ibizenkische Küche.
Es Caliu, Ctra. de Sant Joan, Km 10,8, Tel. 971 32 50 72; einheimische und internationale Gerichte.

PORT DE SANT MIQUEL

Cartago, Port de Sant Miquel, Tel. 971 33 45 51, Fax 971 33 45 32; Mittelklassehotel.

NA XAMENA

Hacienda, Na Xamena, Tel. 971 33 45 00, Fax 71 33 46 06, www.relaischateaux.com/xamena; einziges echtes Luxushotel der Pityusen, wunderschön an einer Steilküste gelegen, jedes Zimmer mit Meerblick, Top-Einrichtungen, eigener Strand.

Las Cascadas Suenos de Oro, im Hotel Na Xamena, Tel. 971 33 45 00; ibizenkische, spanische und internat. Spezialitäten.

PORTINATX

Club Hotel Portinatx, Tel. 971 32 05 40, über der kleinen Badebucht Cala S'Imatge; All-inclusive-Club am Hang, großzügige Gartenanlage, 3 Tennisplätze, Segelunterricht.

NORDEN UND OSTEN

SANT JOAN DE LABRITJA

😊😊 **Can Marti**, Tel. 971 33 35 00, Fax 971 33 31 12; Agro-Tourismus.
❌ **Bar Vista Alegre**, an der Kirche, Tel. 971 33 30 08; Hang-out altgedienter Hippies, leckere kleine Gerichte.
🍴 **Eco,** Plaça de Espanya 5, Tel. 971 33 30 29, eMail dspiegel@infonegocio.com; New-age-Laden mit Naturkost, Kosmetik und allerlei Krimskrams; eMail-Service.

DER OSTEN

ES FIGUERAL

😊😊 **Cala Blanca**, Playa d'Es Figueral, Tel. 971 33 51 00/01, Fax 33 50 40; große Clubanlage direkt in einer Strandbucht.
❌ **Es Caló**, Platja Cala Sant Vicenç, Tel. 971 32 01 40; mediterrane Küche.

SANT CARLES DE PERALTA

😊😊😊 **Can Curreu**, Ctra. Sant Carles, Km 12, Tel. und Fax 971 33 52 80; eine der schönsten umgebauten Fincas, mehrere Häuser an einem Hang mit prächtiger Aussicht, ganzjährig geöffnet. 😊😊 **Can Talaias**, Sant Carles, Tel. 971 33 57 42, Fax 971 33 11 61; Agro-Tourismus in einer ehemaligen Finca.
❌ **Las Dalias**, Ctra. Sant Carles, Km 12, Tel. 971 33 07 42; einheimische und internationale Küche. **Anita's Bar**, an der Kirche, Tel. 971 33 50 90; gute Tapas.

INSEL TAGOMAGO

🍴 Vom Hafen in Santa Eulària fahren Boote zur Insel Tagomago. Man kann auch ein Boot mieten und selbst übersetzen, bei Rent a boat, Puerto Deportivo, Handy 610 21 72 91.

SANTA EULÀRIA D'ES RIU

ℹ️ **Oficina Municipal de Información**, Carrer Mariano Riquer Wallis 4, Tel. 971 33 07 28.
😊😊😊 **Sa Colina**, C 733, 1 km außerhalb der Stadt, Tel. und Fax 971 33 27 67; von Schweizern zum Landhotel umgebaute Finca, rustikal, gemütlich und edel zugleich. **Les Terrasses**, C 733, 1 km außerhalb der Stadt, Tel. 971 33 26 43, Fax 971 33 89 78; Mini-Hotel mit erlesener Ausstattung auf dem Berg, schöne Aussicht selbst aus dem Pool. **Sol Club S'Argamassa**, Urb. S'Argamassa, Tel. 971 33 00 51, Fax 971 33 00 76; Clubhotel an der Cala Martina außerhalb der Stadt. 😊😊 **Ca's Catala**, Carrer del Sol s/n, Tel. 971 33 10 06, Fax 971 33 92 68; hübsches kleines Haus in der Stadt in einem Garten mit Pool, familiär. **La Cala**, Carrer Huesca 1, Tel. 971 33 00 09, Fax 971 33 15 12; Hotel mit Pool in Strandnähe, aber nur wenige Zimmer mit Meerblick. **Sol Familia Loros**, Finca C'as Capità s/n, Tel. 971 33 07 61,

Fax 971 33 95 42; Großhotel mit fast 300 Zimmern und familiengerechten Einrichtungen in einer ruhigen Zone nahe Yachthafen. 😊 **Sa Rota**, Carrer Sant Vicent 89, Tel. und Fax 971 33 00 22; gut geführtes Hostal.
❌ **Dona Margarita**, Puerto Deportivo, Tel. 971 33 22 00; Gourmet-Fischrestaurant, das oft ausgezeichnet wurde. **Rincon de Pepe**, Carrer Sant Vicent 53, Tel. 971 33 13 21; traditionsreiche Tapas-Bar mit schönem Patio. **Can Miquel**, Carrer Sant Vicent 43, Tel. 971 33 03 29; Fischrestaurant mit breiter Angebotspalette.
Bahia Santa Eulària, Carrer Molins de Rey s/n, Tel. 971 33 08 28; Promenadenrestaurant mit Torrasse und spanischer Küche. **Royalty**, Carrer Sant Jaume 51, Tel. 971 33 18 19; Café-Restaurant in zentraler Lage an der Plaça d'Espanya.
El Bigote, das beliebte urige Fischrestaurant an der Cala Mastella, besitzt kein Telefon. Man erreicht es über die Straße von Sant Carles nach Can Jordi, es ist ausgeschildert. Reservierung nötig (persönlich oder www.global-spirit.com/Ibiza).
🍷 **Taberna Andaluza**, Carrer Sant Vicent 51, Tel. 971 33 67 72; gute Tapas. **Studio 64**, Carrer Sant Joan, Ecke Carrer Sant Llorenc; Disko ohne Altersbegrenzung. **Top Hat**, Plaça d'Isidoro Macabich; Nachtclub.
🍴 **Ibiza Diving**, Puerto Deportivo, Tel. 971 33 29 49, Fax 971 33 28 99; Paragliding, **Centro Deportivo Nautico Boca Rio**, Sa Feixa Baixa s/n, Tel. 971 33 19 84. **Fahrradverleih Kandani**, an der Straße nach Es Canyar (Nr. 109), Tel. 971 33 92 64.

CALA LLONGA

😊😊 **Playa Imperial**, Tel. 971 19 64 71, Fax 971 19 64 91, Hotelanlage direkt an der Bucht.
❌ **Grill Sa Font**, Tel. 971 19 62 69; Gartenrestaurant am Strand, Fisch und Paella.
🍴 **Dive Center Rumbo Azul**, Tel. 971 34 82 42, das Tauchen in der Bucht ist besonders reizvoll, für Anfänger gibt es einen Schnupper-Tauchgang.
⛳ **Club de Golf Roca Lisa**, an der Straße von Jesús zur Cala Llonga, Tel. 971 19 60 52, Fax 971 19 60 51; ganzjährig geöffnet, auch für Gäste.

JESÚS

😊😊 **Casa Alexio**, Barrio ses Torres 16, Tel. 971 31 42 49, Fax 971 31 26 19; ganzjährig geöffnet, modern, mit Pool und Aircondition, beliebt bei Gays.

TALAMANCA

😊😊😊 **El Corso**, Platja Talamanca s/n, Tel. 971 31 23 12, Fax 971 31 27 03; bestes Haus in Talamanca, mit Pool und Blick auf Dalt Vila. 😊 **Hostal Talamanca**, Platja Talamanca s/n, Tel. 971 31 24 63, Fax 971 31 57 16; einfach, aber direkt am Strand.

FORMENTERA

FORMENTERA

**FORMENTERA

Formentera ist überwiegend flach und so klein – 23 km lang und stellenweise nur 1,5 km breit –, dass man es per Fahrrad an einem Tag abfahren und dabei die Natur genießen kann: Man sieht u. a. *Sabina marítima*-Wacholder, Johannisbrotbäume, Pinien, Feigen- und Olivenbäume, Opuntien und Agaven, Macchia mit Zistrosen, Rosmarin und Thymian, verkarstete Ziegenweiden und lange Sandstrände. Lediglich beim steilen, aber aussichtsreichen Anstieg zur Hochebene La Mola (192 m) kommen Radler ins Schwitzen.

Geschichte

Die kleinste Baleareninsel ist dünn besiedelt (ca. 6000 Ew., davon etwa 1000 Ausländer), aber dennoch bedacht auf Eigenständigkeit, so dass sie nicht nur als Anhängsel Ibizas durchgeht. Auch hat sie eine ganz eigene Geschichte, auf die ihre Bewohner stolz sind: Schon vor 3800 Jahren war Formentera bewohnt, davon zeugt das Megalithgrab Ca Na Costa bei Es Pujols. Kaum etwas erinnert noch an die lange punische Zeit (654-123 v. Chr.),

Links: Fiesta mit Volkstanzvorführung in Sant Ferran.

doch von den Römern gibt es sichtbare Hinterlassenschaften: den Römerweg zwischen Es Caló und La Mola, das römische Lager Castell Romà, und vor allem den Namen Formentera: Er ist vermutlich abgeleitet von dem lateinischen *frumentaria* (Getreidereiche), und bis heute wird auf der relativ wasserarmen Kalkinsel im Regenfeldbau Weizen und Hafer angebaut. Auch die Mauren hinterließen ab dem 10 Jh. n. Chr. Spuren; an ihr landwirtschafliches Know-how erinnern noch Terrassen, Brunnen und Bewässerungskanäle.

Nach der Vertreibung der Muslime durch den Katalanen Jaume I. im Jahr 1235 wurde Formentera im 14. Jh. unter den nun aragonischen Herrschern vernachlässigt, so dass die Formenteranos bald schutzlos den gefürchteten Berber-Piraten aus dem nur 250 Seemeilen entfernten Nordafrika ausgeliefert waren, im 15. Jh. kollektiv die Insel räumten und nach Ibiza übersetzten. Zurück blieben nur Wächter auf eigens errichteten Sarazenentürmen, um rechtzeitig die Ibizenker vor Piraten warnen zu können. Fast zwei Jahrhunderte war Formentera entvölkert. Ende des 17. Jh. kehrten dann erste Siedler zurück. Sie verdienten ihren Lebensunterhalt durch Ackerbau, Fischfang und Salzgewinnung und bauten 1726 die Wehrkirche von Sant Francesc,

FORMENTERA

seitdem galt die Insel wieder als dauerhaft bewohnt.

Das Leben der Formenterer verläuft im Vergleich zu Ibiza gemächlich und ohne Hektik, was auch die vielen Aussteiger zu schätzen wissen, die sich hier niedergelassen haben. Wer die Ruhe liebt, für den ist Formentera von September bis Juni ein paradiesischer Ort.

Noch vor fünfzig Jahren gab es auf der Insel keine Fremdenzimmer. Heute, da über 150 000 Sonnenhungrige pro Jahr hier nächtigen, begegnen die Insulaner ihren Gästen immer noch mit würdevoller Distanz.

In den fünfziger Jahren entdeckten Künstler den herben Charme der Insel, in den sechziger Jahren setzten die ersten Hippies über. Die Formenteranos mit der gegerbten Haut, den stämmigen Nacken, den schwieligen Fischerhänden und dem ausgeglichenen Temperament schauten

Oben: Mit Motorroller oder Fahrrad ist der Strand Cavall d'En Borrás (nahe der Cala Savina) leicht zu erreichen.

fassungslos zu, wie die Blumenkinder sich an den Stränden ihrer Kleider entledigten, nackt durch die Wellen hüpften, im Sand Liebe machten, Sangria tranken und nachts zu Gitarre und Bongos psychedelische Lieder sangen – im Schein flackernder Kerzen und im Nebel süßlicher Haschisch-Wolken. Es gab keine Widerstände, aber auch keine Verbindung; jeder blieb in seiner Welt.

*La Savina

Am Hafen ***La Savina** ❶, benannt nach dem phönizischen Wacholderbaum, legt die Fähre aus Ibiza an, das Expressschiff braucht nur 30 Minuten. Alle Besucher kommen hier an, einen Airport gibt es nicht. Der einzige Hafen der Insel wurde in den letzten Jahren erweitert und bekam eine ***Marina** für Yachten. Doch Fischer flicken hier ihre Netze wie eh und je. Restaurants, Hostals und einige Geschäfte halten ihre Türen offen; Auto-, Motorrad- und Fahrradverleiher haben ihre Gefährte aufgereiht.

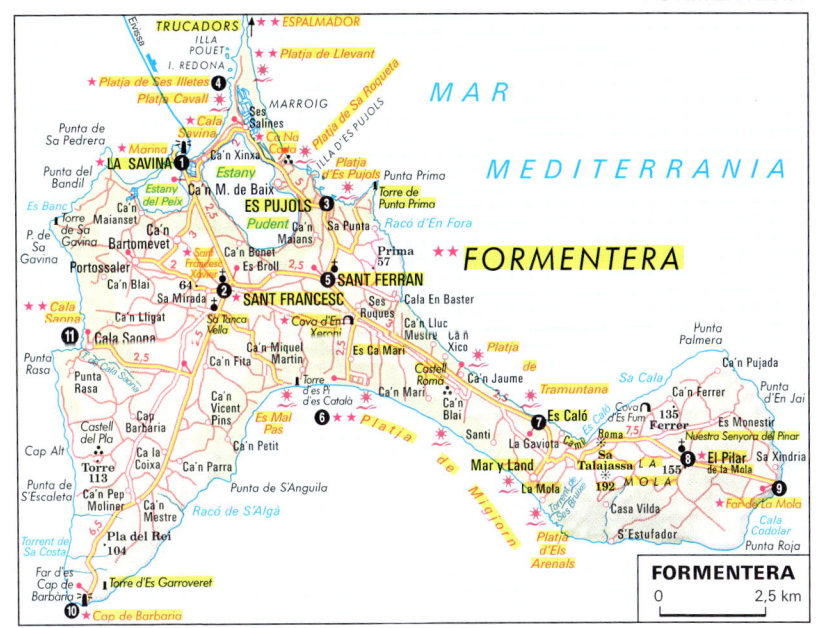

FORMENTERA

Formentera rühmt sich der weltweit höchsten Dichte an Leihfahrrädern, wobei diese meist bereits von zu Hause pauschal mit der Unterkunft gebucht werden. Doch es fährt auch ein Linienbus auf der Insel-Hauptstrecke nach La Mola. Auf der Hafenpromenade kann man spazieren gehen und in einer der Bars erstmal Atmosphäre schnuppern, z. B. in **Gecko's Café**.

Im Westen grenzt der Ort an die fischreiche Lagune **Estany del Peix**, im Osten an den früher mit den Salinen verbundenen salzigen (und im Sommer gelegentlich übel riechenden) Brackwasserteich **Estany Pudent**, den weißen, von Strandkiefern gesäumten Sandstrand der ★**Cala Savina** und der **Platja Cavall**.

★Sant Francesc de Formentera

In der Verwaltungszentrale der Insel, ★**Sant Francesc** ❷ (1500 Einwohner), residiert der Bürgermeister und die Polizei als Staatsgewalt; die einzige Gefängniszelle bleibt aber meist leer. In den letzten Jahren ist viel gebaut worden, auch eine Fußgängerzone ist entstanden. Neben Souvenir- und Kunsthandwerksständen, Galerien, Banken, Geschäften und netten Lokalen wie der **Fonda Plate** gibt es hier auch ein Heimatmuseum, ★**Museu Etnològic**, mit einer alten Salinenlokomotive im Hof. Auf dem gepflasterten Kirchplatz **Plaça de sa Constitucio**, bestanden von Palmen und alten Olivenbäumen, treffen sich Einheimische und Urlauber, bevorzugt im gemütlichen **Café Centro**.

Der Bau der Wehrkirche ★**Sant Francesc Xavier** mit ihren drei Meter dicken Mauern hingegen begann erst 1726 im Zuge der Wiederbesiedlung der verlassenen Insel. Früher standen auf dem Dach sogar Kanonen, um Piraten abzuschrecken. Die **Capella sa Tanca Vella** hingegen, am Südrand des Ortes, wurde bereits im 14. Jh. unter den Katalanen errichtet.

Kerniges Landbrot aus Formentera-Getreide bäckt in Sant Francesc die Bäckerei **Geroni**, außerdem auch Kuchen nach deutschen Rezepten.

Info S. 69

FORMENTERA

Es Pujols

Ursprünglich nur eine Bucht mit Bootsunterständen, ist **Es Pujols** ❸ – auf dem Reissbrett geplant – seit den 1970er Jahren zum Touristenzentrum der Insel und insbesondere zum Badeziel vieler Düsseldorfer avanciert. Selbst auf Postkarten mit barbusigen Strandschönheiten stehen Grüße aus „Düsseldorf-Süd", und die Kellner hier kennen den Unterschied zwischen Kölsch und Alt. Das ehemalige Fischerdorf ist heute ein reiner Touristenort – dank dem langen Sandstrand **Platja d'Es Pujols**, den auch Windsurfer schätzen, und der kleineren **Platja de Sa Roqueta**.

Die Infrastruktur ist völlig auf Strandurlauber zugeschnitten; es gibt sogar eine Disko, das **Tipíc**. Die Bummelmeile **Passeig de Miramar** bietet neben einigen Open-air-Bars abends vor dem Hotel Sa Voltá einen Kunsthandwerksmarkt. Bars mit deutschem Bier reihen sich entlang dem **Carrer d'Espardell**.

Der auf einer Landzunge liegende **Club Punta Prima** wurde gut in die Landschaft eingefügt; Formenteras besterhaltener Wehrturm, der **Torre de Punta Prima**, ragt hier auf, und das Restaurant **La Gavina** serviert feine Balearenküche.

Nur 1 km nordwestlich führt ein gut ausgeschilderter Weg zum etwa 4000 Jahre alten Megalithgrab ***Ca Na Costa**. 1974 legten Wissenschaftler die Grabstätte frei; ein Zaun war nötig, um „Andenkensammler" abzuhalten; zudem wurde die archäologisch wertvolle Stelle überdacht. Man hat hier Steinwerkzeuge sowie Männer- und Frauenskelette gefunden.

**Platja de Llevant und *Platja de Ses Illetes

Weiter nordwärts gelangt man, vorbei an den einst wirtschaftlich bedeutenden

Oben: Die Wehrkirche von Sant Francesc Xavier mutet wie eine Festung an. Rechts: Farbenprächtige Illumination in der Cova d'En Xeroni.

FORMENTERA

Salinen (heute Naturschutzgebiet), zum **Trucadors**, dem sandigen Nordende der Insel mit den vielbesuchten Dünenstränden ****Platja de Llevant** und der 3 km langen ***Platja de Ses Illetes** ❹ (FKK). Dort steht auch das bekannte Fischrestaurant **Es Moli del Sal**, eingerichtet in einer alten Salzmühle – und bevorzugt von Yachtkapitänen frequentiert, wie auch das Strandrestaurant **Juan y Andrea**.

Watet man von der Nordspitze noch 200 m durchs Wasser, gelangt man zur Mini-Insel ****Espalmador**, die mit Sandbuchten und einer Gelegenheit zum Schlammbaden aufwartet.

Sant Ferran

Die lebende Kneipen-Legende von **Sant Ferran** ❺ (*San Fernando*, ca. 1000 Einwohner) ist die ***Fonda Pepe**, gleich neben der schlichten Bruchsteinkirche. Sie trägt den Namen ihres 1995 verstorbenen Besitzers, der das Gebäude 1953 mit eigenen Händen erbaut hatte. Die weltberühmte Kult-Bar gilt als Keimzelle der Flower-Power-Bewegung auf den Balearen – ursprünglich nur eine bescheidene Dorfschänke mit dunklem Schankraum, heute mit Restaurant und Fremdenzimmern. Cooles „Sehen und Gesehen werden" ist hier seit den 1960er Jahren angesagt, aber man kann hier auch gut essen, beispielsweise leckere Lammkeule, und irgendwann kommen fast alle Formentera-Urlauber einmal auf einen Drink vorbei – die Fonda Pepe liegt ja auch so praktisch an der Hauptstraße. Und wenn an Sommerabenden hunderte von Gästen sich hier treffen, sitzt man eben auf dem Mäuerchen vor der Bar.

Wer sich schon immer eine eigene Gitarre bauen wollte, kann dies übrigens bei *Formentera Guitars* in Sant Ferran im Rahmen eines Urlaubskurses lernen.

Der New Yorker Bob baute hier einst mit geschenkten Büchern seine *Biblioteca Internacional* auf – eine Hippie-Leihbibliothek mit 25 000 Bänden in zehn Sprachen. Nachdem er 1996 verstarb, übernahm die Gemeinde Sant Francesc den bunten Bestand.

1 km südöstlich der unverputzten Bruchstein-Kirche von Sant Ferran wurde eine kleine farbenprächtige Tropfsteinhöhle, die ***Cova d'En Xeroni**, für Besucher geöffnet und bunt illuminiert, angeschlossen ist eine Bar.

Zwischen Sant Ferran und der Platja Migjorn verführt eine zum Restaurant umgebaute *Tienda* (Dorfladen) zu einem kulinarischen Stopp: im **La Tortuga** serviert man gebratenen „Formentera-Schweinerücken" mit Zimtäpfeln im Schatten alter Feigenbäume.

**Platja de Migjorn

Der Sandstrand ****Platja de Migjorn** ❻ nimmt die gesamte mittlere Südküste ein: über 6 km lang, von Felsen unterbrochen, flankiert von Dünen, türkisfarbenem, sauberem Wasser und einer bisher noch überschaubaren Zahl von Hotels und Strandbars.

Karte S. 65, Info S. 69

Der westliche Abschnitt nahe der Feriensiedlung **Es Ca Mari** wird auch als **Platja de Formentera** bezeichnet. Im Südwesten schließt sich der Fels-/Sandstrand **Es Mal Pas** an und im Südosten die sandige **Platja d'Els Arenals** mit den großen Ferienclubs **Maryland** und **Club La Mola**.

Mit ihrer Terrasse direkt am Meer ist die aus der Hippiezeit stammende *Blue Bar das wohl am schönsten gelegene Lokal, aber auch die Strandbar *Pirata Bus hat viele Stammgäste. Bei Südwind ist an der Platja de Migjorn stellenweise übrigens mit lebensgefährlichen Unterströmungen zu rechnen.

An die Römerzeit erinnern die Grundmauern des **Castell Romà** (3. Jh. n. Chr.), das einst 5 Türme aufwies und eine Seitenlänge von 30x30 Metern (bei Km 10, vor Es Caló).

Entlang der Nordseite des schmalen „Rückgrats" von Formentera erstreckt sich die mit kleinen Sandbuchten durchsetzte felsige **Platja de Tramuntana** – ein guter Tipp für Schnorchler. Übernachten oder Speisen kann man in dem netten kleinen Fischer- und Ferienort **Es Caló** ❼, einem Naturhafen mit Bootsrampen und Bootshütten.

*Hochebene La Mola

Von Es Caló windet sich die Hauptstraße in Serpentinen hinauf zur Hochebene La Mola, deren höchste Erhebung **Sa Talaiassa** 192 m misst. Unterwegs, bei Km 14, empfiehlt sich ein Stopp beim Restaurant **Mirador** wegen der herrlichen Aussicht. Alternativ kann man auch auf einem alten, 1,5 km langen Römerweg, dem **Camí Romà**, durch die Macchia zur Hochebene hinauf wandern. Dort oben gliedern Trockenmauern die Landschaft, auf den landwirtschaftlichen Parzellen reift Obst, Gemüse und Wein.

Der Flecken *El Pilar de la Mola ❽ liegt 155 m über dem Meer und hat eine unscheinbare Wehrkirche, **Nuestra Se-**

Oben: Die Blue Bar, seit Hippiezeiten eine Institution am Traumstrand Platja de Migjorn.

nyora del Pilar, die gemütliche Bar **Can Toni** und das **Centro Artesania**, in dem Kunsthandwerker und einige Maler ihre Arbeiten anbieten, vorzuweisen. Zwischen Mai und September findet mittwochs und samstags am Spätnachmittag ein echter Hippiemarkt statt, die ***Fira de la Mola**. Hier trifft man noch manche der einstigen Aussteiger, die mit Selbstgestricktem, Selbstgemaltem oder Getöpfertem ihren Lebensunterhalt zu bestreiten versuchen.

In der Nähe steht noch eine alte Windmühle, die ***Moli Vell de la Mola**, erbaut im Jahr 1778.

Am Ostrand von Formentera thront der 1861 errichtete ***Far de la Mola*** ❾; die Felsküste fällt hier atemberaubend steil ab. Als der Schriftsteller Jules Verne 1978 seinen 150. Geburtstag gehabt hätte, wurde ihm hier ein Denkmal errichtet – das war großmütig von den Insulanern, hatte der Franzose doch in seinem Roman *Reise durch das Sonnensystem* das „Inselchen am Ende der Welt" mit einem Kometen kollidieren und verglühen lassen.

*Cap de Barbaria und **Cala Saona

Von **Sant Francesc** führt eine 8 km lange Straße zum südlichsten Punkt der Insel, dem wildromantischen ***Cap de Barbaria*** ❿. Dort wacht nicht nur ein Leuchtturm, sondern auch der alte **Torre d'Es Garroveret**, einer der fünf noch erhaltenen Wehrtürme. Windig ist es hier am Kap in 100 m Höhe; einige Ziegen grasen auf kargem, verkarstetem Land zwischen Rosmarin und Thymian; Aleppo-Kiefern zeigen sich sturmgezaust. Bademöglichkeiten gibt es zwar nicht, nur den Blick in die Tiefe auf das tintenblaue Meer und das Geschrei der Möwen. Schwimmen kann man aber weiter nördlich an der Westküste, und zwar im türkisfarbenen Wasser der idyllischen Sandbucht ****Cala Saona*** ⓫, wo sich auch das gleichnamige Hotel mit Aussichtsterrasse und Restaurant befindet.

FORMENTERA

Oficina de Turisme, am Hafen La Savina, Tel. 971 32 20 57, Fax 971 32 28 25; Rad- und Wanderkarte gratis, Mo-Fr 10-14, 17-10 Uhr, Sa 10-14 Uhr.

Von Eivissa (Hafen) aus verkehrt das **Express-Schiff** von 7.45 bis 20.30 Uhr nahezu stündlich nach Formentera, das Ticket kostet etwa 12 Mark; die Überfahrt dauert rund 30 Minuten. Auf Formentera verkehrt vom Hafen aus ein Linienbus nach La Mola, es gibt Taxis, und man kann ein Fahrrad (ab 8 Mark pro Tag) oder ein Moped (ab 30 Mark) mieten.

😊😊😊 **Club Formentera Playa**, Platja de Migjorn, Tel. 971 32 70 00; eines der besten Hotels der Insel, 333 Zimmer, direkt am Strand. **Club La Mola**, Platja Arenals, Tel./Fax 971 32 70 00; 326 Zimmer, davon 66 Bungalows; Tennis, Wassersport.

😊😊 **Club Maryland**, Platja de Migjorn, Tel. 971 32 71 11, Fax 971 32 71 45, 325 Bungalows, von Pinien bestandener Ferienkomplex, 4 Schwimmbecken, Disko, Kinderspielplatz, Tennis, Animation. **Residencia Illes Pitiüses**, Avda. Joan Castelló Guasch 48-52, Sant Ferran, Tel. 971 32 81 89, Fax 971 32 80 17; kleines familiäres Hotel, ganzjährig geöffnet, mit Heizung und Klimaanlage. **Can Rafal**, Carrer Isidor Macabich, Sant Francesc, Tel. 971 32 22 05; erstes Haus am Platz. **Cala Saona**, Platja Cala Saona, Tel. 971 32 20 30, Fax 971 32 35 09; direkt an der ruhigen Strandbucht.

😊 **Sa Volta**, Carrer Espalmador s/n, Es Pujols, Tel. 971 32 82 28; ganzjährig geöffnetes Hostal mit Heizung und Cafeteria. **Hostal Maysi**, Platja d'Es Arenals, Tel. 971 32 85 47, junges Publikum.

❌ **Sa Gavina**, Platja de Es Pujols, Tel. 971 32 83 52; die „Möwe" ist eines der besten Restaurants Formenteras, spezialisiert auf Balearenküche und Gerichte aus fangfrischem Fisch. **Es Molí de Sal**, Platja de Ses Illetes, Handy 908-13 67 73; beliebtes Fischlokal der gehobenen Kategorie in einer alten Salzmühle. **Las Ranas**, Sant Ferran, an der Straße zur Cala en Baster, Tel. 971 32 81 95; französisch orientierte Küche, schön angelegte Terrasse. **Cafeteria del Centro**, Plaça de la Constitucion, Sant Francesc, Tel. 971 32 00 63; Kaffee und Snacks gegenüber der Kirche am zentralen Platz. **Fonda Pepe**, Carrer Mayor 40, Sant Ferran; der Klassiker, ursprünglich nur eine Dorfbar, mittlerweile mit Restaurant und Hotel. **Blue Bar**, Tel. 971 18 70 11, an der Platja de Migjorn, ein Schild an der Hauptstraße weist bei Km 8 den Weg; auf der Terrasse hat schon Bob Dylan Gitarre gespielt. Geöffnet 12-4(!) Uhr. **La Tortuga**, Carretera La Mola, Km 6,6, eines der besten Lokale der Insel; Spezialität: „Formentera-Schweinerücken".

Karte S. 65

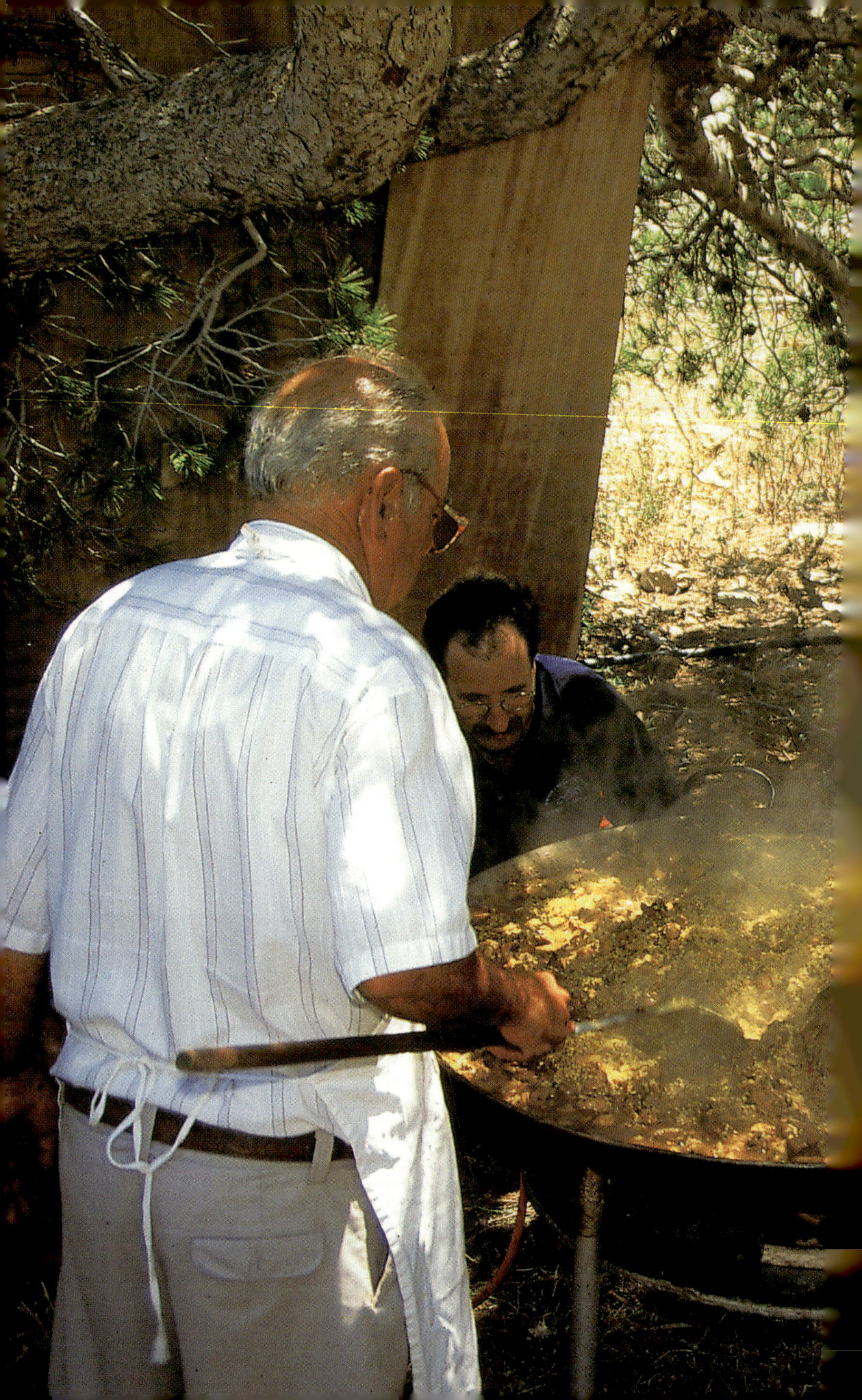

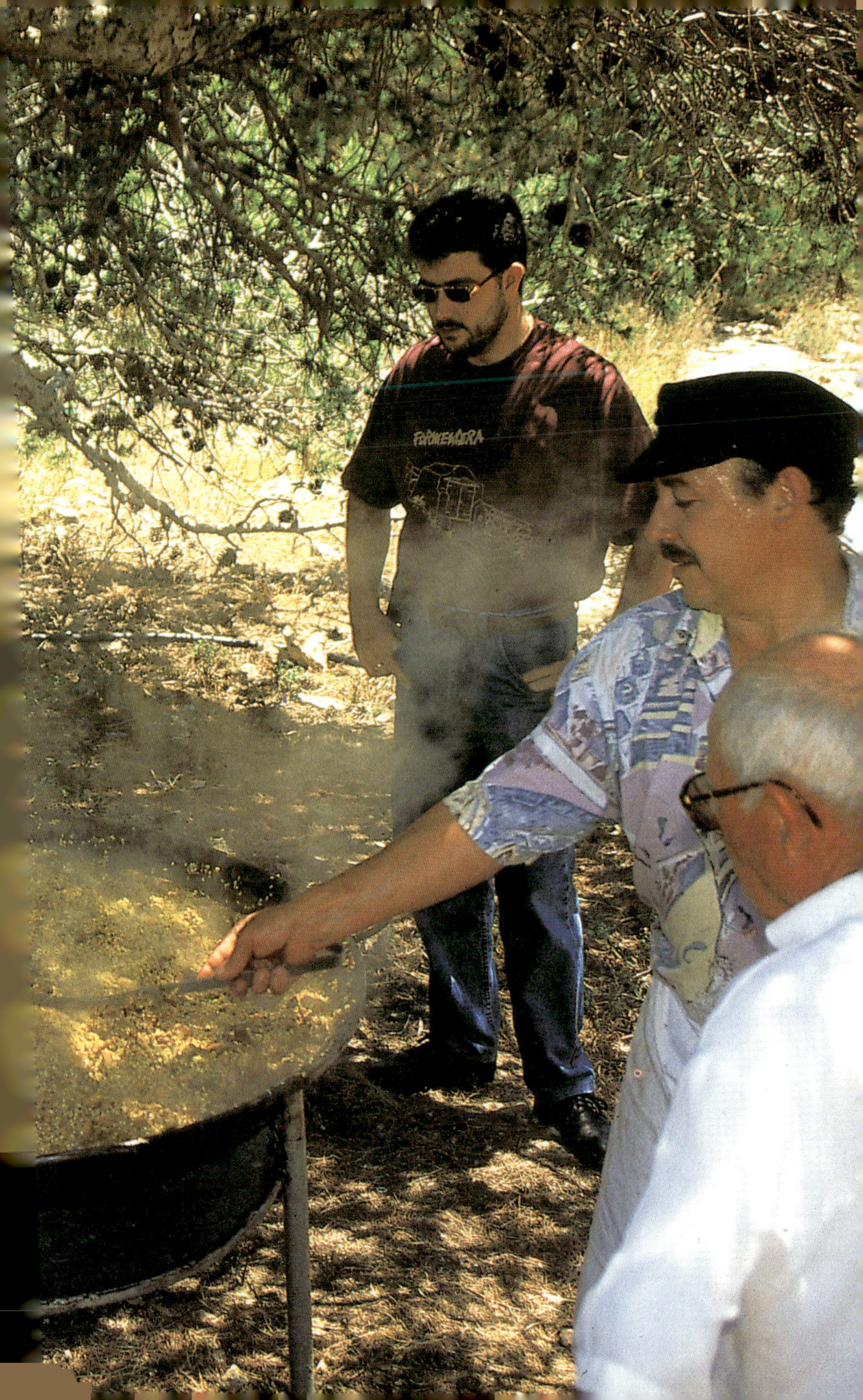

AKTIV IM URLAUB

Radeln: Wer die Pityusen wirklich kennen lernen will, sollte radeln. Besonders auf **Formentera**, wo das Fahrrad für Urlauber das beste Fortbewegungsmittel ist. Schon Bob Dylan hat angeblich so diese Insel durchquert. Wer mit der Fähre aus Ibiza herüber kommt, findet gleich am Hafen mehrere Vermieter, die Drahtesel zu günstigen Tagespreisen überlassen. Es empfiehlt sich allerdings, ihre technische Beschaffenheit zu überprüfen. Da Formentera relativ flach ist, wird die Fortbewegung auf zwei luftgepolsterten Rädern zum bequemen Vergnügen. Vom Sattel aus lässt sich die Insel viel besser erforschen als automobil, und eine Radwegekarte gibt es gratis bei der Touristeninformation am Hafen von La Savina.

Vorherige Seiten: Die Paella für das Dorffest zubereiten ist Männersache. Oben: Formentera kann man mit dem Fahrrad gut erkunden. Rechts: Vielfältiges Wassersportangebot an der Platja d'En Bossa (Ibiza).

Ibiza dagegen ist hügelig, wer hier Fahrrad fährt, braucht eine gute Kondition und sollte die oft schmalen, verkehrsreichen Hauptstraßen meiden. Ausgestattet mit einem soliden Mountainbike und der bei den Fremdenverkehrsämtern erhältlichen Broschüre *Rutas en Mountain Bike* wird der Radler zu einer Art Pfadfinder in Pinienwäldern und entlang der Strandpartien, entdeckt seltene Pflanzen. Man biegt von der Straße ab, rumpelt auf Waldwegen und Pfaden über Stock und Stein, und riecht plötzlich das Meer, noch bevor man es sehen kann. Manchmal bricht die Küste steil zum Meer hin ab. Meist aber ist das Wasser leicht zu erreichen, man hüpft vom Rad, schlüpft aus den Kleidern und springt ins kristallklare Wasser.

Zum Eingewöhnen gibt es südlich der Stadt Eivissa eine nette Rad-Route. Sie führt durch die Zone von **Ses Salines**, wo man die älteste Industrie der Insel noch erhält, die Salzgewinnung, zugleich aber aus der Region ein Naturschutzgebiet gemacht hat, in dem Autos nicht zugelassen sind. Ein Radweg wurde angelegt, der **Sant Jordi** mit dem kleinen Dorf **La Canal** verbindet. Man fährt zwischen uralten Salzgewinnungsbecken hindurch, beobachtet verschiedene Vogelarten bei ihrer Futtersuche in den gestauten Gewässern und betrachtet das Salz, das sich an den Rändern der Becken bildet. Wer gegen Abend hier radelt, kann zudem den hier besonders eindrucksvollen Sonnenuntergang miterleben.

Wandern: Ibiza mit seinen bewaldeten Hügeln, dramatischen Steilküsten und idyllischen Buchten profiliert sich in den letzten Jahren, vor allem außerhalb der Sommersaison, auch als Wanderinsel. Die Wanderwege sind durch farbige Leitpfosten markiert, auf denen ein Eleonorenfalke abgebildet ist; kreuz und quer über die gesamte Insel führen diese *Ruta de Falcón*. Ferien mit Rucksack, statt nur mit Bikini oder Badehose, sind eine exzellente Möglichkeit, Fauna und Flora

AKTIV IM URLAUB

der Insel, vor allem aber ihre Menschen kennenzulernen. Denn wer sich in seinem Urlaub auf die touristischen Gettos beschränkt, der begegnet Einheimischen eher selten. Wer sich dagegen per pedes über die Insel bewegt, kommt an Begegnungen gar nicht vorbei, sieht Einheimische bei der Arbeit und in ihren Mußestunden, erlebt Familien bei Ausflügen und ganze Dorfgemeinschaften beim sonntäglichen Kirchgang. Mit etwas Glück und Spanischkenntnissen kommt man mit den Insulanern auch ins Gespräch. Nur wer zu Fuß unterwegs ist, begreift auch, wie ländlich und urwüchsig diese Insel noch ist, gleich hinter den touristischen Hochburgen noch kaum berührt vom Massentourismus.

Manche der Wege, auf denen sich Wanderer fortbewegen, wurden in grauer Vorzeit von Schäfern und Ziegenhirten angelegt, schon die Karthager oder später die Römer haben sie womöglich benutzt; die Araber legten Feldterrassen an und die Ibizenker Piratentürme – wer läuft, dem erschliesst sich auch die Geschichte.

Eine der schönsten Wanderrouten ist der Aufstieg auf den höchsten Berg, den 475 Meter hohen **Sa Talaia,** der von **Sant Josep** aus über einen Pfad erfolgt. Von oben genießt man einen Panoramablick über den ganzen Süden der Insel, und wer will, kann noch weiter gehen bis zur schönen Strandbucht **Cala d'Hort**.

Empfehlenswert ist ein Fußmarsch auch im Norden der Insel, z. B. in **Sant Miquel** und Umgebung. Im Ort selbst ist der blendend weiß gekalkte Hof der imposanten Wehrkirche bis heute zentraler Dorftreff, vor allem sonntags. Die Fresken im Kircheninnern wurden erst vor einigen Jahren freigelegt. Danach wandert man weiter zum **Port de Sant Miquel** ans Meer.

An der steilen, abwechslungsreichen Nordküste entlang kann man in drei Stunden von **Portinatx** zur **Cala Xarraca** und weiter zur Landspitze **Punta Xarraca** wandern.

Sant Llorenç de Balàfia ist ein besonders gut erhaltenes Wehrdorf. Wehrtürme überragen die dicht zusammen gedräng-

AKTIV IM URLAUB

ten weißen Häuser. Gegen die Piratenplage entstanden einst solche Dörfer mit Verteidigungscharakter. Auch im Umkreis des Dorfes gibt es in der freien, zum Wandern einladenden Landschaft noch einige der markanten Türme zu sehen.

Im Januar und Februar sollte man die Gegend um **Sant Mateu** erkunden: Von den leichten Höhenzügen aus gibt es berauschende Blicke in Täler voller Mandelblütenbäume, die zu dieser Jahreszeit in voller Blüte stehen.

Schön sind auch Wanderungen von Bucht zu Bucht. Vom Yachthafen in **Santa Eulària** spaziert man in zwei Stunden nach **Es Canar**. Ebenso lang ist der Wanderweg an der Südwestküste, der von der **Cala Bassa** zur **Cala Codolar** führt. Man inspiziert dabei gleich mehrere Buchten und wird es schwer haben, sich auf eine Lieblingsbucht festzulegen.

Infomaterial dazu gibt es bei den örtlichen Fremdenverkehrsämtern.

Golf: Für Golfer ist Ibiza kein Paradies. Der einzige Platz ist nicht gerade leicht zu spielen, weil sein Green sehr hügelig ist und einige kleine Wasserhindernisse aufweist. Ein zweiter Platz sollte in der Nähe der Cala d'Hort entstehen, das Projekt wurde aber von Naturschützern heftig attackiert. So wird der 27-Loch-Platz **Roca Llisa** wohl noch länger der einzige Spielort bleiben – für gewiefte Golfer eine Herausforderung, für Anfänger eher schwierig, dafür aber schön gelegen mit Aussicht aufs Meer. Auch golferfahrene Gäste dürfen hier spielen.

Segeln: Ibiza ist ein ideales Revier für alle Arten des Wassersports, das milde Klima ermöglicht das ganze Jahr über Segeln uns Wundsurfen. Wer sich mit der Ortung der Windrichtung auskennt, kann sogar das ganze Jahr über im Meer baden. Als Faustregel gilt: Wer ein ruhiges Meer sucht, fährt an die Leeseite, die vom Wind abgewandte Seite, das ist meist der Südosten. Wer das Windsurfen oder Segeln bevorzugt, muss an die Luvseite, wo der Wind voll auftrifft (meist der Nordwesten). Windsurf- und Segelunterricht mit Brett- und Bootsverleih gibt es an den Hauptstränden. Größere Boote kann man im Yachthafen von Eivissa chartern (u. a. bei *Coral Yachting*, Tel. 971 31 39 26).

Tauchen: Taucher haben im sauberen, glasklaren Meer der Pityusen bei beeindruckenden Sichtweiten bis zu 40 m Begegnungen mit Wiesen wogender Meerespflanzen, Schwärmen bunter, bizarrer Fische – Barrakudas, Zackenbarsche, Mondfische, Bärenkrebse, Edelkorallen – und anderer Meerestiere. Die Monate November, Januar und März gelten als die besten, weil sich dann das Wasser des westlichen Mittelmeers besonders transparent zeigt. Die bevorzugten Tauchgründe liegen unterhalb der steilen Felswände der Eilande **Es Vedrà** und **Sa Conillera** im Westen, bei **Tagomago** im Osten und bei **Ses Margalidas** und **Murada** im Norden. Die gesamte Nordwestküste Ibizas präsentiert eine unterseeische Zauberwelt, die schon manchen Sporttaucher in Entzücken versetzt hat. Dazu kommt, dass von den Tauchbasen verwunschen anmutende Höhlen und Schiffswracks angesteuert werden können.

Baden: Die 56 Strände und Badebuchten mit insgesamt 18 km Länge sind Ibizas Kapital. Für Wasserratten und Sonnenanbeter ist Ibiza eine wunderbare Destination. Weil die Insel klein und überschaubar ist, können Strände und Buchten von jedem Hotel und Urlaubszentrum aus leicht erreicht werden. Die begehbaren Küstenzonen sind größtteils naturgeschützt und werden sauber gehalten. Einige Buchten sind jedoch wegen der Betonorgien der siebziger Jahre verbaut. Nachdem 1999 eine rot-grüne Koalition die konservative *Partido Popular* als Balearenregierung ablöste, sind die Seilschaften zwischen Politik und Baubranche zerfasert. Der Umweltschutz

Rechts: Aufbruch zum Tauchausflug (Port de Sant Miquel).

AKTIV IM URLAUB

wurde enorm aufgewertet, sogar eine Ökosteuer wurde beschlossen. Alle noch nicht bebauten Küstenzonen besitzen einen 500 Meter breiten Grüngürtel, der unter besonderem Schutz steht. Bagger und Planierraupen dürfen nicht bis hierher vordringen.

Ibiza hat typische Lifestyle-Strandabschnitte wie die **Platja d'En Bossa** und die **Platja de Ses Salines** südwestlich von Eivissa, wo das Jungvolk verwegene Bademoden und Annäherungsrituale zelebriert. Oben ohne ist hier selbstverständlich, die Stimmung ausgelassen, Machos und Miezen zeigen, was andere sehen wollen, musikbeschallt, freizügig und sinnlich. Kein Wunder, dass diese Strände, wie auch die bei Sant Antoni, überlaufen sind. Die Gay-Szene trifft sich bevorzugt an der **Platja d'Es Cavallet** am Südende bei der Bude Chiringay. FKK-Freunde finden hier an der Platja d'Es Cavallet in der Nähe der Salinen, aber auch an der **Aigua Blanca** im Nordosten sowie an der **Platja de Ses Illetes** an der Nordspitze von Formentera Reviere für ihr hüllenloses Vergnügen. Zudem sind die Inseln bekannt für ihre Freizügigkeit – wer sich nicht auffällig oder anstößig benimmt, kann allen abgelegenen Stränden so herum hüpfen und liegen, wie Gott ihn erschaffen hat.

Auch wer das Alleinsein bevorzugt, kommt auf seine Kosten. Vor allem in Ibizas Norden und Osten gibt es kleine Felsbuchten, die das reine Naturerlebnis noch möglich machen. Manchmal sind sie nur über waghalsige Abstiege zu erreichen. Das Wasser ist dort überaus klar und die Unterwasserlandschaft aufregend. Gefahr durch Haie besteht nicht.

Auch für familienfreundliche Strandabschnitte ist gesorgt. Es gibt genügend seichte Buchten, an denen Eltern ihren Sprösslingen beim Sandburgenbau zuschauen und zufrieden in Liegestühlen dösen können. Auch das Wasser ist überwiegend eine wahre Freude, verheißt es doch ungetrübten Badespaß – an vielen Stränden flattert die blaue Umweltflagge der EU im Wind, als Symbol für besonders sauberes Meerwasser.

NACHTLEBEN

NACHTLEBEN

Für Partygänger, Nachteulen und Erlebnishungrige wird Ibiza während der Saison allnächtlich zur *Isla Magica*. Kaum irgendwo gibt es so viele Bars, Pubs, Diskotheken und Hangouts auf so engem Raum. Ibiza ist im Sommer eine einzige Open-air-Party, während es auf Formentera nächtens eher ruhig zugeht.

Pfiffige Geschäftsleute machten **Sant Antoni** zur Party-Hauptstadt, indem sie Nobeldiskotheken errichten ließen. Dieser Bazillus griff zu Beginn der achtziger Jahre auf die ganze Insel über. Damals öffneten das gigantische *KU* (heute: **Privilege**) mit Platz für bis zu 7000 Tänzer, das **Pacha** das mit seinen drei Ebenen mehr als 3000 Gäste fasst, **Es Paradis** und andere Edelhallen mit Soundgewittern ihre Pforten. Als dann noch die Londoner und andere DJs die ibizenkischen Techno-Tempel entdeckten, wurde die Pityuseninsel innerhalb der globalen Jugendszene zu einem Geheimtipp.

In den Nächten von Ibiza verwischen sich alle Grenzen. Duzen ist oberstes Gebot, sich hyper-durchgeknallt zu präsentieren oder als Paradiesvogel herauszustaffieren völlig normal. Und anstandslos werden in den Club-Diskotheken, auf den Super-Partys und beim Freilufttanz stolze Eintrittspreise bezahlt – bis zu 100 DM.

Am frühen Abend geht es erstmal zum **Café Montesol** oder zum **Mar y Sol** am Hafen von **Eivissa**, dessen Straßenbild abends eine Verwandlung erlebt, wenn der Auftrieb der Fun-Jünger beginnt. Sie haben sich in Leder eingenäht oder ihre Körper neckisch bemalt, zeigen viel Fleisch und gewagte Mode-Kreationen; besonders extravagant präsentieren sich die *drag queens*. Die Einheimischen allerdings mustern die *poco locos*, die Verrückten, nur aus den Augenwinkeln.

Zum Anwärmen geht man ins **KM5**, dann zum Aufheizen ins **Manumission-Motel**. Und zur Disco-Time weit nach Mitternacht trifft man alle wieder an den

Oben: Im Pacha, am Jachthafen von Eivissa, können 3000 Gäste die Nacht durchtanzen.

NACHTLEBEN

diversen Adressen, wo sie von der tobenden Menge von Tänzern und Selbstdarstellern absorbiert werden: Die Mega-Discos wie **Privilege**, **Pacha** oder **Amnesia** haben riesige Tanzflächen, ein Caipirinha-Cocktail kostet mehr als zehn Mark, die Anmache läuft polyglott, Rauschmittel helfen über temporäre Tiefpunkte hinweg und verhelfen dem Triebleben zu neuem Schwung. Etwas vornehmer geht es im **El Divino** zu.

Wer gegen Morgen immer noch nicht genug hat vom Tanzen, Baggern und Baden im Schaum, kann noch ins **Konga** oder ins **Space** gehen, das in der Einflugschneise des Flughafens liegt und erst öffnet, wenn die anderen Diskos zumachen, also nach Sonnenaufgang. Dort steht ständig ein Rettungswagen des ibizenkischen Roten Kreuzes vor der Tür, sind die Türsteher strenger als die Guardia Civil und dämmern die meisten Szenegänger nur noch vor sich hin, völlig übermüdet und erschöpft. Da hilft nur noch ein Kaffee im **Croissant Show**.

Ibizas Nachtleben ist spektakulär, aber man kann es auch ruhiger angehen. Manche zieht es zur blauen Stunde ins **Casino de Ibiza**, wo die Spielautomaten rasseln. Andere fahren ins **Hipódromo Ibiza** nach Sant Rafel, eine Pferderennbahn mit Unterhaltungsräumen, in denen man zu Abend essen und den buntgekleideten Jockeys auf ihren dahin jagenden Pferden zuschauen kann – bis 2.30 Uhr. Auch Wetten sind möglich.

Selbst in Eivissa kann man in gepflegter „musikkultureller" Atmosphäre die Nacht verbringen, etwa im **Teatro Pereira**, einem ehemaligen Kino, inzwischen ein Design-Kunstwerk mit Natursteinwänden und Messingleuchten; der Niederländer Eric-Jan Harmsen hat dieses Lokal als **La Cantina** zu einer In-Adresse gemacht und holt begnadete Musiker, oft Jazzer, auf die Insel.

Das Nachtleben von **Sant Antoni** hat seine eigenen Gesetzmäßigkeiten. Bis Mitternacht sind die Snackbars und Kneipen mit ihren knallbunten Reklamen am Hafen und im West End rappelvoll, danach schwappt die Szene ins **Eden** oder in die Edel-Disko **Paradis**, einen der schönsten Tanzpaläste Ibizas.

Santa Eulària hingegen, die dritte „Großstadt", ist nächtens noch recht gemütlich; Großdiskos: Fehlanzeige. Das Jungvolk turtelt auf der Strandpromenade, in den Cafés und Kneipen vertäuen sich Blicke und ältere Herrschaften legen auf dem Freiluftparkett ein Tänzchen hin.

Wer weder tanzen noch schunkeln will, kann die „Rolex-Society" im Schickimicki-**Café Sidney** in **La Marina**, dem Yachthafen von **Eivissa**, beobachten. Davor ist eine Armada hochwertiger Automobile geparkt, im Dunkel blitzen Diamanten wie Trophäen auf und unter Spotlights fließt der Champagner in Strömen.

Der allsommerliche Feierüberfall, den Ibiza erlebt, hat der Insel nicht nur Europas größte Diskotheken beschert – gigantische Abtanzfabriken mit Abertausend-Watt-Anlagen, Pools, Laser-Spielen, Schaumkanonen, Tattoo-Ständen und Nacht-Boutiquen –, sondern auch einen Discjockey-Kult. An die 500 DJs geben sich pro Saison auf der Insel die chromigen Scheiben in die Hand, hoffen auf ihre Entdeckung durch die Trendscouts der Musikindustrie. DJ José Padilla etwa wurde auf diese Weise berühmt und wohlhabend. So sind mittlerweile selbst in deutschen Kaufhäusern seine sanften Töne aus dem **Café del Mar** in Sant Antoni zu hören, wo er von 1991-96 auflegte. Dorthin zieht die Szene immer noch abends, wenn die Sonne im Meer verschwindet und dabei die Bausünden von Sant Antoni in ein mildes Rot taucht. Dann glauben die Trip-Hop-Jünger wie einst die Hippies, dass diese schöne Welt doch noch zu retten sein müsste.

Informationen zum Nachtleben findet man auch im Internet unter: www.ibizanight.com. Von 24.00 bis 6.00 verkehrt ein Diskobus, auch zu den außerhalb gelegenen Großdiskos.

HIPPIEMÄRKTE

HIPPIEMÄRKTE

Die Hippie-Bewegung, einst ein weltweites Zeitgeistphänomen, das enorme psychosoziale Folgen für die Entwicklung der westlichen Nationalkulturen hatte („Make love, not war"), hat sich aufgelöst im Mysterium des Esoterischen. Auf Ibiza sind aber noch Reste der Flower-Power-Euphorie erhalten. 1972 war der erste Hippiemarkt auf dem Feriengelände des Clubs Punta Arabi in Es Canyar abgehalten worden. Dort schlugen die Freaks Trommel und Tamburin, rauchten fleißig ihre Hanftüten, zupften die Gitarre, brummelten dazu „The answer my friend...", warfen ihre üppige Haarpracht zurück, ordneten das Gewirr aus Lederbändern, Kupfer und Selbstgehäkeltem, mit dem sie Hälse und Arme schmückten, und boten ihr Kunsthandwerk und indischen Schmuck zu ausgesprochen menschenfreundlichen Preisen an.

Das ist teilweise noch so, wenngleich das Kunsthandwerk mehr und mehr verdrängt worden ist von Plastikramsch und Nippes. Und auf den Hippiemärkten sind längst nicht mehr die Blumenkinder allein vertreten. Inzwischen haben dort europaweit tätige große Händlerketten Fuß gefasst, auch Modemacher und Schmuckdesigner bieten hier ihre Kreationen an.

Punta Arabi ist zu einem riesigen Basar mit rund 400 Ständen geworden, zwischen Ostern und Erntedank karren ibizenkische Busunternehmen Touristen dorthin, die Lederarbeiten begutachten, Schmuck in jeder möglichen und unmöglichen Form, Holz, Glas und Keramik sowie die unvermeidlichen Erzeugnisse *Made in Taiwan*. Hier verhökern auch Zigeuner Ledergürtel, -taschen und -westen, bieten Afrikaner Holzschmuck vom schwarzen Kontinent an und pfiffige Geschäftemacher machen Reibach mit weiten indischen Kleidern, Schlapphüten, Musikinstrumenten oder modischen Kinkerlitzchen. Raritäten und wirklich Wertvolles lassen sich hier kaum entdecken, aber die Atmosphäre ist hinreißend flippig, die letzten Vertreter der bunten Spezies fabulieren manchmal noch bei einem Pfeifchen davon, wie mit Flowers Power zu machen sei, obwohl ihre Gesichter längst gezeichnet sind von tiefen Falten und die Zähne verfärbt vom Rauch zuvieler Hanfkippen. „Hippie-Gucken" ist zur touristischen Attraktion geworden, und die einst so Konsumfeindlichen spielen wohl oder übel mit – Veteranen einer friedfertigen Subkultur, die einmal fast die Welt verändert hätte.

Hippie-Märkte finden in der Saison wöchentlich an mehreren Orten statt. Sie sind ein Markenzeichen Ibizas, weil Reste einstiger Glückseligkeit in diesen Biotopen noch aufbewahrt sind. So kann man sich hier tätowieren oder bunte Baumwollfäden ins Haar flechten lassen, mit

Oben: Große Auswahl von Duftölen, angeboten auf dem Hippiemarkt Las Dalias. Rechts: Trommeln für die Marktbesucher in Punta Arabi bei Santa Eulària.

HIPPIEMÄRKTE

anderen Musik machen, mit den Kindern Murmeln spielen und bei der Kartenlegerin in die Tarot-Karten schauen, nachdem sie sie neu gemischt hat. Tortillas und Sangria gibt es billig, Sprüche gratis und alle haben viel Spaß – am Donnerstag in **Sant Miquel**, am Freitag an der **Platja d'En Bossa** und am Samstag in **Las Dalias** bei Sant Carles, wobei in Sant Miquel und Las Dalias am ehesten echtes Kunsthandwerk zu finden ist. Auf Formentera findet mittwochs und sonntags in **El Pilar** ein noch sehr authentischer Hippie-Markt mit wirklich Selbstgefertigtem statt. Mobile Stände mit bunten Gewändern gibt es auch auf den Hafenpromenaden ibizenkischer Städte, in Fußgängerzonen und manchen Gassen.

Tausende Blumenkinder lebten zeitweise gleichzeitig auf den glücklichen Inseln. Viele von ihnen haben sich mittlerweile der pityusischen Gesellschaft angepasst, sind erfolgreiche Selfmademen oder Business-Ladies geworden. Sie haben Lokale und Boutiquen eröffnet, sind kreativ als Modedesigner und Hotelmanager. Der altgediente Weltenbummler Anthony Pike aus Australien hat eine Finca bei Sant Antoni, in der früher Oliven gepresst wurden, in eine Nobelherberge verwandelt. Die nimmersatten Libidinösen, wie Mick Jagger oder Julio Iglesias, haben hier ihre Ehen gebrochen, abgedrifteter Adel namens Kiki von Bohlen und Halbach ist mit wüsten Orgien in die Inselannalen eingegangen, und auch Anthony ist inzwischen in seiner vierten Ehe gelandet. Die Legende lebt, wer in seine wunderschön eingewachsene Absteige kommt, findet einen perfekten Service vor, der seinen Preis hat – der Rest ist Imagination. Die Zimmer, die der spanische Schnulzier und der englische Rockstar bevorzugten, sind sehr oft ausgebucht.

Schon bevor die Hippie-Invasion über die Pityusen kam, war das Hippie-Gefühl hier zu Hause: *Tranquil* nennen es die Insulaner, wenn sie ihre Seele baumeln lassen, dem Meeresrauschen lauschen und dabei einen feinen Ton hören, der etwas in ihnen zum Schwingen bringt.

IBIZENKISCHE KÜCHE

IBIZENKISCHE KÜCHE

Die pityusische Küche ist mediterran; Weizen, Olivenöl und Wein sind ihre Grundlagen. Dazu kommen Fisch und Fleisch, Eier, Milch, Reis, Hülsenfrüchte, Gemüse, Obst und Trockenfrüchte. Diese Zutaten werden auf unterschiedlichste, oft originelle Art kombiniert, so dass daraus vitaminreiche und schmackhafte Gerichte entstehen. In der Kochkunst von Ibizenkos und Formenteranos haben viele Besetzer ihre Spuren hinterlassen, Phönizier wie Griechen, Römer, Araber und Spanier. Die aromatischen Wildkräuter aber sind etwas ganz ureigen Pityusisches, sie sind der Geschmack der Inseln.

Natürlich gibt es auf Inseln, die mittlerweile pro Jahr von 2 Millionen Touristen überschwemmt werden, viele Küchen

Oben: Butifarra (Blutwurst) und Sobrasada (Schweinswurst) – notwendige Zutaten für das sofrit pagès. Rechts: Frischer Fisch und Meeresfrüchte – serviert an der Platja de Ses Illetes, Formentera.

dieser Welt, vom chinesischen Nudel- bis zum französischen Nobelrestaurant. Es ist deshalb gar nicht so einfach, die ibizenkische Küche kennenzulernen, denn der Großteil der Gastronomen ist der Ansicht, Gäste aus dem Ausland wollten mit Pizza, Eisbein, Wiener Schnitzel und Schwarzwälder Kirschtorte abgefüllt werden. Außerdem schämt man sich wohl ein bisschen der eigenen Rezepte, sind doch die Gerichte, die aus ihnen hervor gehen, rustikal und deftig und nicht so verfeinert wie die Nouvelle Cuisine. Dabei schmecken pityusische Speisen hervorragend, wenn sie lecker zubereitet sind.

Der herzhafte Zugriff auf die Naturprodukte, die den Inseln eigen sind, bringt zum Beispiel das *sofrit pagès* hervor, ein Bauernragout der kräftigen Art, in dem Huhn, Lamm, Schwein und derbe Würste – *butifarra* (Blutwurst) und *sobrasada* (Schweinswurst) – mit Kartoffeln, Knoblauch, Nelken, Petersilie, Pfeffer, Safran und Zimt zusammenkommen und so lange auf dem Herd blubbern, bis fast die

IBIZENKISCHE KÜCHE

ganze Flüssigkeit zu einem Brei eingekocht ist. Der *sofrit pagès* wird in einem großen Topf gedünstet, darf aber auf keinen Fall gerührt, sondern muss immer wieder geschüttelt werden. Der bunt gescheckte Eintopf wurde in den Restaurants inzwischen verfeinert, ist aber nach wie vor eine Kalorienbombe; wer davon gekostet hat, leckt sich die Lippen. Auch wenn *sofrit pagès* ein wenig schwer im Magen liegt – auf der Rangliste der insularen Speisen steht er ganz oben.

Das Problem ist: Ein Lokal, in dem es diese und andere Bauernkost gibt, muss man erstmal finden. Vor allem auf Ibiza gibt es viele saisonale Gastronomiebetriebe in ausländischer Hand, darunter auch „Touristenfallen" mit verlockenden Tagesmenüs, nach deren Verzehr man sich fast immer ärgert. Das „Tourist Menue" sollte man überall auf der Welt meiden, unter der mediterranen Sonne aber unbedingt. Denn die lieblose Zusammenstellung ist nicht mit Hingabe oder Pfiff zubereitet, sondern zudem meist fade. Zwar sind die Zeiten öltriefender Fritten und Sardinen vorbei, aber informieren sollte man sich schon, bevor man zu Tisch geht.

Als Faustregel gilt: Frischer Fisch und Meeresfrüchte schmecken am besten in den kleinen Strandrestaurants, wo Einheimische das Kommando haben. Man kann sich den fangfrischen Fisch zeigen lassen und erklären, welche Zubereitungsart man bevorzugt. Ländliche Spezialitäten, vor allem köstliche Lamm-Gerichte, sind vor allem in Restaurants des Inselinnern empfehlenswert. Das sind meist Familienbetriebe, Mutter und Großmutter stehen oft noch selbst am Herd.

Fleischgerichte werden gerne mit Kräutern veredelt, was ihren Wohlgeschmack noch erhöht. An Feiertagen bereitet man mit großem Aufwand das *lechona asada* zu, ein über und über mit Kräutern gespicktes Spanferkel. *Conill amb ceba* ist ein mit reichlich Zwiebeln zubereitetes Kaninchengericht. Zum Pfannengericht *frita pagesa* werden Schweinefleisch und Leber mit einem

IBIZENKISCHE KÜCHE

Sud aus rotem Paprika, Pilzen und Knoblauch garniert und dann mit Bratkartoffeln serviert.

Fischgerichte gibt es auf den meerumspülten Inseln in Fülle. Der *guisat de peix* ist ein kräftiges Fischragout mit Mandeln, Kartoffeln und Safran, wie die Ibizenkos es mögen. Thunfisch mit Eiern und Pinienkernen, in trockenem Weisswein mit Zitronensaft eingelegt, kommt in Lokalen als *tonyina al' eivissenca* auf den Tisch. Als typisch gilt auch die *borrida de rajada*, ein Rochenragout mit Mandelsauce. Schwertfisch wurde angeblich schon in punischer Zeit auf Ibiza mit Behagen verzehrt. Dazu wurde *garum* gereicht, eine durch die Karthager bekannt gewordene Fischpaste aus Sardellen, die es später überall im Mittelmeerraum gab.

Die Lokalvariante der in spanischen Mittelmeerregionen überall anzutreffenden *Paella* heisst auf den Pityusen *arròs sec* und vereint den Reis mit Muscheln, Garnelen, Huhn und Gemüse, mitunter auch mit Kaninchenfleisch. Echten Pityusen-Geschmack bringen auch einige *tapas* auf die Zunge, etwa die *frita de polp* als Tintenfischragout oder die *freixura* mit Innereien. Die *caragols sofregits* sind geschmorte Schnecken, die als Snack zwischendurch mit dem Zahnstocher in den Mund befördert werden. *Coca* kauft man auf Ibiza in Bäckereien – so heißt hier nähmlich eine Art Quiche, belegt mit Mangold, Paprika und Fisch. *Bon profit!* wie auf Eivissenc „Guten Appetit!" heißt.

Nach einem guten Essen ordern Einheimische *hierbas ibicencas*, den Kräuterlikör, der bei der Verdauung helfen soll. Der dickflüssige, bernsteinfarbene, aber auch ins Grünliche changierende Sud schwimmt in der Flasche in seinen Kräutern. Er schmeckt bittersüß, wirkt beruhigend und belebend zugleich. Die Insulaner sind überzeugt davon, dass der *hierbas* Magen- und Darmbeschwerden

Oben: Eine Auswahl köstlicher Kuchen, serviert in Sant Josep de Sa Talaia. Rechts: Hierbas ibicencas, der inseltypische Kräuterlikör hilft bei Beschwerden jedweder Art.

IBIZENKISCHE KÜCHE

lindert, nach einer Völlerei wieder auf die Beine hilft und bei Melancholie und Liebeskummer als Gegengift wikt, zudem soll er auch noch potenzfördernd sein.

An Kräutern kommt man auf den Pityusen nicht vorbei. Alte Kräuterweiblein in den Dörfern sollen mit dem, was die Natur gratis gibt, wahre Wunder vollbracht haben. Jeder Barwirt, der auf sich hält, hat beim Kräuterlikör seine eigene Rezeptur, auf die er schwört. Mancher behauptet, mit seinen paar Flaschen pro Jahr ein echtes Unikat geschaffen zu haben. In der Tat ist die Herstellung zeitintensiv, zur Grundsubstanz Anis kommt Rosmarin, kommen Wacholderbeeren und Bergminze, Schalen von einheimischen Zitronen und mitunter auch Orangen dazu, und Thymian spielt eine ebenso wichtige Rolle wie ätherische Öle. Es gibt Unmengen Rezepte, aber irgendwie schmecken sie doch ähnlich. Der Trank ist pure Natur, angereichert mit ausgesuchten Weinen, der Alkoholgehalt des Likörs steigt bis auf 30 Prozent. *Salud!* Außerdem stehen noch die süßen Likör-sorten *frigola* (mit Thymian) und *palo* (mit Wermut) zur Verfügung, auch sie klassische ibizenkische Hervorbringungen, über die es sogar heisst, sie seien nicht nur wohlschmeckend, sondern auch Medizin gegen allerlei echte und eingebildete Leiden.

Wer guten, im Eichenfass ausgebauten Rotwein schätzt, kann aus einem großen Angebot aus ganz Spanien wählen, darunter feine Tropfen aus Katalonien (*Penedés*) und dem *Rioja*-Gebiet. Ein Spitzenprodukt der Traubensaftveredlung stellt der beliebte katalanische *Cava*-Sekt dar, hergestellt nach der Champagnermethode. Wein aus insularem Anbau, der trockene *vi pagès* oder der etwas lieblichere *sa cova*, ist rar und rinnt vor allem bei Familienfesten durch die Kehlen. Traditionell trinkt man direkt aus dem *porrón*, einer speziellen Flasche mit langem Schnabel. Bier muss hier in Spanien zwar nicht nach dem deutschen Reinheitsgebot gebraut werden, aber die spanischen Marken *San Miguel* und *Estrella* brauchen sich dennoch nicht zu verstecken.

FLORA UND FAUNA

FLORA UND FAUNA

„Diese Landschaft", schrieb Walter Benjamin an einen Freund, „ist die unberührteste, die ich jemals gefunden habe." Das war 1932, als der deutsche Dichter und Denker einige Monate auf Ibiza verbrachte. Das war noch lange vor der touristischen Invasion, die Hotelbau und somit massive Eingriffe in die Natur zur Folge hatte. Noch unberührt sind dagegen die Seegraswiesen unter Wasser (*Posidonia oceanica*), die seit 1999 auf der UNESCO-Weltnaturerbeliste als schützenswerter Lebensraum für allerlei kleines Meeresgetier stehen.

Die beste Reisezeit für Naturfreunde ist der Frühling, besonders die Monate März und April. Besonders reichhaltig sind auf Ibiza Wildblumen. Zu ihnen ge-

Oben: Die Pyramidenorchis ist eine von ca. 20 Wildorchideenarten auf Ibiza. Rechts: Der Podenco ibicenco (ibizenkischer Windhund) wird heute wieder gezüchtet und – teuer – verkauft.

hört die Spätblühende Narzisse (*Narzissus serotinus*), an deren Stengel bis zu vier Blüten wachsen und die einen leicht herben Duf verströmt. Der prachtvolle Balearen-Hufeisenklee (*Hippocrepis balearicum*) ist öfters zu sichten, seitdem auf Ibiza weniger Ziegen gehalten werden. Als botanische Kostbarkeit gilt das fragile Strandlöwenmaul (*Chaenorhinum rubrifolium formentera*), das im Frühjahr aus den Spalten der Küstenfelsen hervor lugt. Als Besonderheit empfinden Botaniker die bei uns als Unkraut betrachtete Distel, die auf Ibiza einen ganz besonderen Ableger hat (*Cardus burgeanus ssp. ibicensis*) und ganz weiß ist. Auch Arten von Ginster (*Genista dorycnifolia*) und Thymian (*Thymus richardii*) sind endemisch, kommen also nur auf der Insel vor. Ebenso gibt es seltene Nelkenarten und Balearen-Johanniskraut sowie Balearen-Alpenveilchen. Zierlich windet sich aus dem Sandboden das Oreganumblättrige Sonnenröschen (*Helianthemum origanifolium*), ebenfalls endemisch.

In Verzückung geraten manche Pflanzenfreunde beim Anblick der reichhaltigen Orchideenwelt. Während Inseln mit vulkanhaltigem Boden, wie die Kanaren, ausgesprochen orchideenarm sind, fühlen sich die faszinierenden Pflanzen auf dem kalkhaltigen Untergrund der Pityusen sehr wohl. Es ist übrigens nachgewiesen, dass es nicht gelingt, Wildorchideen im eigenen heimischen Garten anzusiedeln. Deshalb sollte man sie dort stehen lassen, wo man sie bewundert!

Durch Einwanderer wurde Ibizas Flora bereichert: Mit den Phöniziern kamen *Sabina*-Wacholderbaum, Granatapfel, Ölbaum und Johannisbrotbaum, mit den Arabern Zwergpalme, Zitrusfrüchte und Mandeln, mit den Katalanen Agave, Feigenkaktus und Kartoffel. Als noch keine Menschen hier lebten, bedeckten Wälder die Insel. Neben Steineichen in grauer Vorzeit waren es vor allem die Aleppo-Kiefer und die Schirmpinie, die das Bild der Pityusen prägten. Pinienhaine gibt es

FLORA UND FAUNA

noch, aber über weite Strecken dominiert heute die *Garigue*, die aus einer Vielzahl meist niedriger Büsche besteht; der Großteil der dichten Wälder wurde einst abgeholzt für Schiffbau und Holzkohlegewinnung. Im Sommer trocknet die Garigue aus, Kräuter und Blumen verdorren. Das wiederum begünstigt wie eine Schutzwand das Wachstum von Knollengewächsen, etwa Zwiebeln, und Pflanzen, wie Narzissen, Lilien und Gladiolen. Die meisten Orchideenarten gedeihen in der *Garigue*.

Tierreich sind die Pityusen nicht, dafür gibt es weder giftige noch gefährliche Tiere. Allerdings wurden früher Tierarten ausgewildert, um jagdbares Wild zu haben. Heute gibt es Steinmarder und Feldhasen, Wildkaninchen, Fischadler, Falken, Rothühner, Wachteln, Möwen und Flamingos (manchmal im Winter in den Salinen zu sehen); außerdem verschiedene Arten von Ratten, Mäusen und anderen Nagetieren, aber auch die sehr seltene Ginsterkatze, das exotischste Säugetier Ibizas. Am vielfältigsten ist die Vogelwelt. Viele gefiederte Zeitgenossen finden in den Wäldern und Büschen, besonders aber im unter Naturschutz stehenden Feuchtgebiet der Salinen ideale Bedingungen vor. Groß ist der Fischreichtum in den Gewässern rings um die Inseln. Das bekannteste Tier ist die Pityusen-Eidechse (*Podarcis pityusensis*); zum Wappentier der Inseln hat sie es aber nicht geschafft.

Als „Bote der Vergangenheit" gilt der *Podenco ibicenco*, der hochbeinige Ibizenkische Windhund mit schlanker Taille und spitzen, hochstehenden Ohren. Die Vorfahren der edlen Tiere hat angeblich keine Geringere als die ägyptische Königin Kleopatra auf die Insel gebracht. Die antike Herrscherin soll während einer Seereise nach Rom auf Ibiza Zwischenstation gemacht haben. Auch wenn dies ins Reich der Legenden gehört – der *Podenco ibicenco*, Jahrhunderte lang treuer Begleiter bei der Kaninchenjagd, ist jedenfalls noch da; Züchter verkaufen heute wieder die Rasse, die schon als ausgestorben galt.

REISEINFORMATIONEN

REISEVORBEREITUNGEN

Einreise

Für EU-Bürger genügt ein gültiger Personalausweis. Obwohl bei der Einreise aus Österreich, der Schweiz und Deutschland weder Pass- noch Zollkontrollen stattfinden, wird der Ausweis beim Einchecken im Hotel und bei der Anmietung eines Leihwagens benötigt.

Anreise mit dem Flugzeug

Von allen großen Flughäfen im deutschsprachigen Raum fliegen Linien- und Charterflugzeuge täglich Ibiza an, mitunter – vor allem im Winter – ist ein Umsteigen in Barcelona oder Palma de Mallorca erforderlich. Die Flugzeit beträgt maximal drei Stunden. Chartergesellschaften bieten Tickets schon ab 300 DM an. Telefonische Auskunft erteilen folgende Airlines: Aero Lloyd, Tel. 061 71/64 01; Condor, Tel. 01 30/71 30; Germania, Tel. 022 03/40 21 82; Hapag Lloyd, Tel. 05 11/972 70; Iberia, Tel. 069/716 61 und 71 72 01; LTU, Tel. 01 90/21 17 67; Lufthansa, Tel. 018 03/80 38 03. Der Flughafenbus verkehrt zwischen dem Airport und Eivissa zwischen 7.30 und 22.30 Uhr jede Stunde mindestens einmal, ein Taxi kostet rund 2500 Pesetas.

Anreise mit dem Zug

Aus mitteleuropäischen Großstädten gibt es tägliche Bahnverbindungen nach Barcelona, von wo man nach Ibiza übersetzen kann. Die Fahrt z.B. von München über Zürich und Genf nach Barcelona dauert 19 Stunden.

Anreise mit dem Auto

Für die Anfahrt über Frankreich und Spanien muss mit zwei Tagen gerechnet werden. Süd- und Ostdeutsche gelangen über München – Genf – Lyon – Avignon nach Barcelona. Mittel-, Nord- und Westdeutsche kommen über Metz bzw. Mulhouse – Lyon – Perpignan ihrem Ziel näher. In Frankreich und an der spanischen Küstenstrecke sind die Autobahngebühren beträchtlich. Weil es billige Flüge und auf den Pityusen ein großes Angebot an kleinen Mietwagen gibt, die sich für die schmalen Straßen am besten eignen, rechnet sich die Anreise mit dem eigenen Wagen nur für mehrwöchige Aufenthalte, zumal auch noch die Fähre (u. a. von Barcelona, Tarragona, Valencia und Denía; außerdem von Palma de Mallorca) bezahlt werden muss. Von den großen deutschen Städten kann man auch per Autoreisezug sein Gefährt transportieren, in der Hauptsaison bis zu drei Mal pro Woche. Der Nachtzug fährt bis nach Narbonne in Südfrankreich, von dort sind es nur noch zwei Stunden bis nach Barcelona. Verbindungen und Preise über die Servicenummer 0180/524 12 24 oder in den DB-Reisebüros.

Anreise mit dem Schiff

Die Autofähre braucht von Barcelona via Palma de Mallorca nach Eivissa neuneinhalb Stunden. Auskunft: Companía Trasmediterránea, Avda. Bart. Vicente Ramón 21, Eivissa, Tel. 00 34/971 31 51 50 und 971 30 16 50, www.trasmediterranea.es. Kürzer ist die Fährverbindung von Denía aus, das südlich von Valencia am Kap Nao liegt. Das moderne Tragflügelboot geht direkt nach Eivissa bzw. Sant Antoni und benötigt knapp vier Stunden. Auskunft: Flebasa Edif. Faro I, Sant Antoni, Tel. 00 34/971 34 28 71. Zwischen Palma de Mallorca und Eivissa gibt es eine regelmäßige Färverbindung; Trasmapi-Baleària, Tel. 902 16 01 80, Infos auch unter www.balearia.com.

Geldumtausch

Bis zum 31.12.2001 ist die spanische Währungseinheit die Peseta. Für 1 DM erhält man 85 Pesetas. Allerdings verlangen Wechselstuben oft hohe Gebühren. Die günstigste Art, Geld zu tauschen, ist die Benutzung der Geldautomaten der Banken (*telebanco*) mit der EC-Karte;

der Höchstbetrag liegt bei 25 000 Pesetas, die Gebühr beträgt 5 DM. Kreditkarten haben eine hohe Akzeptanz und erleichtern das Leihen von Autos.

Spanische Fremdenverkehrsämter

Kurfürstendamm 180, 10707 Berlin, Tel. 030/882 65 43, Fax 882 66 61. Myliusstr. 14, 60323 Frankfurt, Tel. 069/72 50 33, Fax 72 53 13. Grafenberger Allee 100, 40237 Düsseldorf, Tel. 0211/680 39 80, Fax 680 39 85. Postfach 15 19 40, 80051 München, Tel. 089/53 01 58, Fax 532 86 80. Seefeldstr. 19, 8008 Zürich, Tel. 01/252 79 30, Fax 252 62 04. Walfischgasse 8, 1014 Wien, Tel. 01/512 95 80, Fax 512 95 81.

Diplomatische Vertretungen auf Ibiza

Vizekonsulat der Bundesrepublik Deutschland, Carrer d'Antoni Jaume 2, Apartado de Correos 437, Eivissa, Tel. 971/31 57 63. Außenstelle auf Formentera im Rathaus von Sant Francesc, nur Juli bis Sept. an jedem zweiten Mittwoch von 11.30 – 13.30 Uhr, Tel. 971 32 20 34.

Österreichisches Konsulat auf den Balearen, C/. de Sant Miquel 36, 07002 Palma de Mallorca, Tel. 971/72 37 33, Fax 71 92 77.

Schweizer Honorarkonsulat auf den Balearen, c/o Hotel Arabella Sheraton, 07013 Palma de Mallorca, Tel. 971/60 64 21, Fax 60 64 29.

Spanische Botschaften

In Deutschland: Schöneberger Ufer 89, 10785 Berlin, Tel. 030/25 40 070, Fax 25 79 957.

In Österreich: Argentinierstr. 34, 1040 Wien, Tel. 01/50 55 780, Fax 50 55 78 825.

In der Schweiz: Kalcheggweg 24, 3006 Bern 16, Tel. 031/35 20 412, Fax 35 15 229.

Klima / Reisezeit

„Glückliche Inseln" nennen die Prospekte die Eilande, und das bezieht sich vor allem auf die klimatischen Verhältnisse der Pityusen. Die mittlere Jahrestemperatur beträgt im Maximum 21,1 °C und im Minimum 13,8 °C. Obwohl Afrika nicht fern ist, steigt die Temperatursäule selbst im Hochsommer selten über 30 °C. Die Küstenregionen sind im Winter kühler (und im Sommer erfrischender) als das Inselinnere. Von 365 Jahrestagen sind im statistischen Mittel 300 sonnenbeschienen. Ein durchgängig grauer, verregneter Tag ist die Ausnahme.

Die Pityusen bieten sich zum Überwintern an. Dann beträgt der durchschnittliche Sonnenschein pro Tag immerhin noch fünf Stunden, um Weihnachten herum gibt es oft südliche Winde, die für einen „kleinen Sommer" sorgen. Ab und zu regnet es, mitunter aber auch wochenlang nicht. Die Wassertemperaturen sinken auf 13 °C und lassen nur noch „Eisbaden" zu. Der Frühling gehört zu den schönsten Jahreszeiten. Die Flora verzaubert die Inseln. Der Sommer ist trocken, auch das Bad im Meer ist kaum noch eine Erfrischung, wenn die Wassertemperatur gegen 24 °C tendiert. Lau sind die Sommernächte. Erst Ende Oktober streifen kühle Südwest-Winde die Inseln, doch in den windgeschützten Buchten wird bei 23 °C Luft- und 21 °C Wassertemperatur weitergeplanscht. Der Oktober gilt im statistischen Mittel als niederschlagreichster Monat, doch nicht immer bestätigt die Realität die Statistik. Der Herbst ist eine angenehme Reisezeit. Dann kommt es noch einmal zu einer kurzen Blüte.

Aktuelle Wetterdienst-Auskunft über die TUI-Hotline 0190/27 06 60, Kennziffer 067 (die Minute kostet 1,21 DM).

Kleidung / Ausrüstung

Während der Sommermonate genügt ein leichter Pullover im Gepäck, dazu unbedingt Sonnenbrille, Sonnencreme und Sonnenhut oder –kappe. Die UV-Bestrahlung kann sehr intensiv sein. Im Winter wird warme Kleidung benötigt, die wasser- und winddicht ist. Die Einheimischen legen, wenn sie in ein gehobenes Restaurant gehen, Wert auf formelle Kleidung. In der Regel aber geht es kleidermäßig leger zu, oft wird nicht mehr gebraucht als Jeans, T-Shirt oder Polohemd und leichte Schuhe. *„Vistete como quieras!"* heißt es – „Zieh an, was dir Spaß macht!" Unbeliebt macht sich allerdings bei den Einheimischen, wer im Tanga durch die Gassen von Eivissa streift oder mit nacktem Oberkörper unterwegs ist. Der Bustransport solcher Zeitgenossen ist untersagt, auch Taxifahrer dürfen sie eigentlich nicht transportieren.

REISEN AUF DEN PITYUSEN

Eine Eisenbahnlinie gibt es nicht, aber **Busse**. Zwischen Eivissa, Sant Antoni und Santa Eulària ist das Überland-Busnetz zufriedenstellend (von 7-23 Uhr alle 30 Min.), auch die wichtigsten Strände werden angefahren. Die Fahrpläne der Inselbusse liegen in vielen Hotels und bei den Touristeninformationsstellen aus.

Eine besondere Empfehlung ist der **Disco-Bus**, der zwischen Juni und September von 24 bis 6 Uhr fährt. Stationen sind in Eivissa an der Avinguda Isidoro Macabich, in Sant Antoni am Passeig de la Mar und in Santa Eulària an der Avinguda Dr. Gotarredona.

Taxis stehen ausreichend zur Verfügung. In Eivissa, Sant Antoni und Santa Eulària des Ríu gibt es Taxistände, andernorts müssen sie über Restaurants oder Hotels gerufen werden. Taxameter gibt es nicht, aber eine Liste mit festen Tarifen für bestimmte Strecken (vorher mit dem Fahrer abklären). Funktaxi: Tel. 971 30 70 00.

Das Angebot an **Mietwagen** ist sehr groß. Mehr als 30 Firmen bieten ihre Wagen an – der Preisvergleich lohnt sich. Ein Wagen der kleinsten Klasse kostet ab 5000 Pesetas pro Tag, dazu wird aber noch die Mehrwertsteuer und vor allem die Versicherung aufgeschlagen. Die günstigste Offerte ist in der Regel der Komplettpreis. Weil es nach Verkehrsunfällen zu einer schwierigen Rechtssituation kommen kann, empfiehlt sich der Abschluss einer Vollkasko-Versicherung. Ebenso empfehlenswert ist die Besichtigung des Wagens, der zum Mieten angeboten wird. Der Wartungszustand kann sehr unterschiedlich sein; manchmal schleift die Kupplung, ist der Bremsweg endlos oder die Spur verstellt. Hotelrezeptionisten und Reiseleiter der Veranstalter wissen am besten, wo gemietet werden sollte. Wer gleich am Flughafen ein Auto braucht, sollte zu einer der größeren Firmen gehen; deren Wagenflotten sich meist in gutem Zustand befinden.

Die Polizei führt regelmäßig nächtliche Alkoholkontrollen durch (Grenze: 0,5‰); angetrunkene Autofahrer werden umgehend aus dem Verkehr gezogen, die Strafen fallen drakonisch aus. Sonstige Verkehrsverstöße müssen sofort und bar bezahlt werden! **Tempolimit**: Auf Ibiza: Landstraße 90 km/h, innerorts 50; auf Formentera: Landstraße 70, Ortschaft 50 km/h. Handyverbot am Steuer!

Wer nur in der Umgebung des Urlaubsortes mobil sein möchte, für den empfiehlt sich ein Mofa oder **Motorroller** (Helmpflicht). Sie sind an vielen Verleihstationen auf beiden Inseln erhältlich. Auch **Fahrräder** sind überall zu mieten, aber nicht ideal auf den engen Überlandstraßen des hügeligen Ibiza, sondern nur auf den weniger befahrenen Nebenstraßen. Auf dem verkehrsarmen, flacheren Formentera kann man dagegen überall mit dem Drahtesel unterwegs sein.

Boote verschiedener Preis- und Leistungskategorien können in Eivissa, Santa Eulària des Ríu und Sant Antoni gemietet werden.

Fähren nach Formentera verkehren in der Saison von Eivissa etwa alle 30 Minuten zwischen 7 und 20 Uhr, aber auch – allerdings weniger oft – von Sant Antoni und Santa Eulària. Außerdem gibt es Wassertaxis.

REISEINFORMATIONEN

PRAKTISCHE TIPPS VON A BIS Z

Apotheken

Die *Farmacia* erkennt man am grünen Kreuz. Außerhalb der Öffnungszeiten gibt es einen Notdienst, über den ein Aushang an der Tür informiert. Alle geläufigen Arzneimittel sind vorrätig. Wer ein spezielles Medikament benötigt, sollte ausreichend Vorrat mitnehmen.

Ärztliche Versorgung

Gegen Vorlage eines Auslandskrankenscheins kann man sich problemlos im staatlichen **Hospital Can Misses** in Eivissa behandeln lassen, Tel. 971 39 70 00. Viele Ärzte und ihr Personal sprechen deutsch, zumindest englisch. Eine Reihe deutschstämmiger Ärzte und Zahnärzte haben sich auf Ibiza niedergelassen und werben gezielt in deutschsprachigen Zeitungen um deutschsprachige Patienten; die gesetzlichen Krankenkassen erstatten jedoch im eropäischen Ausland bezahlte Leistungen nur nach dem deutschen (oft niedrigeren) Kassentarif, deshalb sollte man vorab eine Reisekrankenversicherung abschließen.

Formentera hat auch ein Hospital, das **Centro Medico** in Sant Francesc, Tel. 971 32 23 69, und eine Rettungshubschrauberverbindung mit Ibiza.

Camping

Zwischen Juni und September stehen fünf Plätze zur Verfügung: Je einer in Sant Antoni und an der Cala Bassa, drei bei Es Canyar.

Elektrizität

In allen Hotels beträgt die Stromspannung 220 Volt.

Feiertage
Gesetzliche Feiertage
1. Januar: Neujahrstag (*Ano nuevo*).
6. Januar: Dreikönigsfest (*Reyes magos*).
19. März: Josephstag.
März/April: Gründonnerstag (*Jueves Santo*) und Karfreitag (*Viernes Santo*).
1. Mai: Tag der Arbeit (*Día del Trabajo*).
Juni: Fronleichnam (*Corpus Christi*).
24. Juni: Johannestag und Namenstag des spanischen Königs Juan Carlos.
25. Juni: Peter und Paul.
15. August: Mariä Himmelfahrt (*Asunsión*).
12. Oktober: Nationalfeiertag (*Día de la Hispanidad*).
1. November: Allerheiligen (*Todos los santos*).
8. Dezember: Mariä Empfängnis (*Inmaculada Concepción*).
25. und 26. Dezember: Weihnachten (*Navidad*).
31. Dezember: Balearentag (*Día de las Balears*) und Silvester.
An allen diesen Tagen sind Geschäfte und Büros geschlossen.

Fernsehen und Radio

Alle besseren Hotels sind mit Satellitenempfängern ausgestattet, so dass deutschsprachige TV-Programme empfangen werden können. Ein deutschsprachiges Inselradio, wie auf Mallorca, gibt es auf den Pityusen nicht. Zu empfangen ist jedoch die Deutsche Welle, die auf Kurzwelle stündlich Nachrichten sendet. Das lokale Radio „Popular" sendet um 21 Uhr ein einstündiges Programm in deutscher Sprache, in dem es meist um die Balearen geht.

FKK

Die offiziellen Nacktbade-Strände liegen auf Ibiza an der Platja des Cavallet in der Nähe der Salinen und an der Aigua Blanca im Nordosten; auf Formentera an der Platja de Ses Illetes an der Nordspitze. Die Inseln sind bekannt für ihre Freizügigkeit; oben ohne ist praktisch überall üblich, und wer sich nicht anstößig verhält, kann an allen abgelegenen Stränden unbehelligt hüllenlos baden. An ausgewiesenen Familienstränden und in Restaurantnähe sollte man oder frau jedoch nie gänzlich nackt sein.

REISEINFORMATIONEN

Fotografieren

Filmmaterial gibt es zwar überall, ist jedoch teurer als zu Hause. Wer seine Bilder gleich auf den Inseln entwickeln lässt, darf mit ordentlicher Qualität rechnen. Vor dem Ablichten von Menschen sollte man deren Einwilligung einholen; ein Zeigen auf den Apparat und das Abwarten des Zunickens sind genug. Respekt verdienen ältere Frauen in dunkler Kleidung oder Tracht, wenn sie nicht abgelichtet werden wollen.

Gesundheit

Die Sonneneinstrahlung ist intensiv, Vorsorge vonnöten. Eine Sonnenschutzcreme mit hohem Lichtschutzfaktor ist deshalb obligatorisch. Auch beim Cabrio-, Roller- oder Fahrradfahren. Weil der Kreislauf sich erst an die Klimaumstellung anpassen muss, ist beim Alkoholkonsum Vorsicht geboten. Zwar sind gelegentlich (ältere) Einheimische zu beobachten, die sich bereits am Vormittag ein Gläschen Roten genehmigen, aber sie trinken nicht durch bis in die Nacht! Die Trinkwasserqualität ist gut bis leicht salzig. Die Geisel Aids hat auch vor den Pityusen nicht Halt gemacht. Sexuelle Kontakte ohne Schutz sind nicht zu empfehlen.

Haustiere

Streunende ibizenkische Hunde werden zwar von den Stränden vertrieben, die Insulaner haben jedoch nichts gegen die Lieblinge ihrer Besucher, verlangen bei der Einreise aber ein tierärztlich beglaubigtes Gesundheitszeugnis, das höchstens zwei Wochen alt ist, und den Nachweis einer Tollwutschutzimpfung, die nicht länger als 30 Tage zurückliegt.

Internet-Cafés und -Adressen

Postkarten sind altmodisch, auch Urlaubsgrüße werden gerne elektronisch versandt. Seine eMails checkt man in **Eivissa** an der Av. Ignacío Wallis 39, Tel. 971 31 81 61, www.centrointerneteivissa.com (400 Ptas für 30 Minuten), in **Sant Antoni** im Serviceladen an der Av. Dr. Fleming 1, Tel. 971 34 87 12, www.e-biza.net (250 Ptas für 15 Minuten).
Nützliche Internet-Adressen:
www.tourspain.es
www.ibiza-spotlight.com
www.global-spirit.com/ibiza
www.ibiza-online.com
www.eivissa.de
www.santaeulalia.net
www.spainalive.com
www.ibizanight.com
www.bluerose-ibiza.com
www.guiaformentera.com
www.mma.es (Luftbilder der Strände)

Kinder

Es gibt viele kinderfreundliche, flach abfallende Sandbuchten. Familien wurden als neue Zielgruppe entdeckt, und die kleinen Gäste sind vielleicht die Touristen von Morgen. Immer mehr Reiseveranstalter schnüren preisgünstige Pakete, die Betreuungs- und Animationsangebote werden immer umfangreicher. Die Insulaner sind ausgesprochen kinderlieb.

Kriminalität

Taschendiebstahl ist auf Ibiza weniger, auf Formentera gar nicht verbreitet. Selbstverständlich ist dennoch ein umsichtiges Verhalten angebracht. Sorgen machen den Behörden illegale Immigranten, die meist aus Nord- oder Schwarzafrika stammen.

Hüten muss man sich allenfalls vor Trickbetrügern, Neppern und Schleppern. Im Hafenviertel Eivissas treiben „Hütchenspieler" ihr Unwesen, und von Bars in die Hafenmeile ausgesandte Werber versuchen, zahlende Kunden anzulocken. Das tun sie mitunter sehr unverfroren. Wer sie stur einfach nicht beachtet, wird sie am schnellsten los.

Lästig sind auch die Schlepper der Groß-Discos, die nur Gewinn machen, wenn der Laden brummt. Deshalb offerieren sie Freikarten, und wer sie annimmt, glaubt wohl ernsthaft, dass er gerade 3500 Pesetas geschenkt bekommen hat! Ein Irrtum. Die Discos wollen die Gäste erstmal drin haben, dann werden sie, vor allem über die Getränkepreise, gnadenlos abgezockt.

Trotz spektakulärer Schläge gegen die Drogenmafia in den letzten Jahren ist Rauschgift immer noch leicht zu bekommen. Die Aufputschpillen-Generation, die nächtelang abtanzt, kann sich hier immer noch viel zu leicht mit nachhaltig hirnschädigenden „Designerdrogen" eindecken.

Einfache Regeln helfen dem Touristen bei der Prävention: Wertsachen gehören grundsätzlich in den Safe, Zimmerschlüssel sind an der Rezeption abzugeben. An den Strand nimmt man keine größeren Geldbeträge mit. Autos gehören komplett leergeräumt, bevor sie verschlossen werden – abgestellt möglichst auf einem bewachten Parkplatz.

Notruf

Die zentrale Notruf-Nummer ist 112, die Anrufer können sich neben Spanisch auch in Englisch und Deutsch verständigen. Krankenwagen: 061. Bei Einbruch oder Diebstahl ist die *Polícia Nacional* unter 091 zu verständigen, bei Verkehrsunfällen die *Polícia Municipal* unter 092. Die Feuerwehr wird am schnellsten unter 971 31 30 30 erreicht. Die *Guardia Civil* hat auf Ibiza die Nummer 062, auf Formentera 971 32 20 22. Wer Ärger hat mit seinem Hotel, dem Reiseveranstalter oder aus einem anderen Grund, kann auch bei der deutschsprachigen Urlaubshilfe in Madrid um Rat fragen: Tel. 91/300 00 45 (Mo-Fr 9-13 Uhr). ADAC-Auslandsnotrufstation Barcelona (zuständig für Spanien): 935 08 28 28. ADAC-Notruf 0049/89/222222.

Öffnungszeiten

Geschäfte öffnen um 9 oder 10 Uhr, halten bis 13 oder 14 Uhr offen, dann noch einmal zwischen 16 bzw. 17 bis 20 bzw. 21 Uhr. Streng nach deutschem Ladenschlussgesetz wird das allerdings nicht gehandhabt. Viele Boutiquen richten sich, vor allem im Sommer, ganz nach den Kaufbedürfnissen ihrer Kunden und haben oft noch Mitternacht geöffnet. Die großen Supermärkte sind 10-22 Uhr offen, montags geschlossen. In kleinen Landläden kann man meist schon ab 8 Uhr einkaufen, auch am Sonntag, dann aber nur vormittags. Banken sind montags bis freitags von 8.30 oder 9 Uhr bis 14 Uhr, samstags bis 12 Uhr geöffnet. Die Museen haben üblicherweise montags geschlossen. Die Wehrkirchen sind donnerstags zu besichtigen oder sonntags nach der Messe.

Post und Porto

Postämter haben von 9-14 Uhr geöffnet, samstags bis 12 Uhr. Briefmarken werden auch im *estanc*, dem Tabakladen, und in manchen Zeitungskiosken verkauft. Postkarten und Standardbriefe in die europäischen Länder kosten einheitlich 70 Pesetas. Es muss mit einer Woche Beförderungsdauer gerechnet werden. Man kann sich Post und Tageszeitungen von zu Hause postlagernd, *en llista de correos*, an den Urlaubsort schicken lassen. Das Hauptpostamt (*correus*) von Eivissa befindet sich im Carrer Madrid (9-14 Uhr). Im Inselinnern fährt zwei Mal pro Woche das Postauto herum.

Presse

Alle großen deutschsprachigen Tages- und Wochenzeitungen, Zeitschriften und Magazine gibt es am Erscheinungstag zu kaufen. Es gibt auch einige deutschsprachige Ibiza-Magazine wie z. B. *INsel* oder *Ibiza Heute*.

Sprache und Ortsbezeichnungen

Seit 1983 wurden nach und nach sämtliche spanischen Ortsschilder Ibizas und Formenteras im katalanischen Dialekt *Eivissenc* beschriftet, der traditionellen Inselsprache. Im folgenden sind die wich-

tigsten Orte in Katalanisch und in Kastilisch (Hochspanisch, die zweite Amtssprache) aufgeführt:
Ciutat Eivissa / Ciudad de Ibiza
Sant Agustí / San Agustín
Sant Antoni / Sant Antonio
Sant Carles / San Carlos
Sant Ferrán / San Fernando (Formentera)
Sant Francesc / San Francisco (Forment.)
Sant Josep / San José
Sant Joan / San Juan
Sant Lorenc / San Lorenzo
Sant Mateu / San Mateo
Sant Rafel / San Ráfael
Sant Vicenç / San Vicente
Santa Eulària des Ríu / Santa Eulalia del Rio

Allerdings wurde die Katalanisierung nicht konsequent und anscheinend auch nicht nach einer einheitlichen Grammatik umgesetzt. Für ein und dieselbe Bucht gibt es seit der politisch korrekten „Entspanisierung" oft verschiedene katalanisierte Schreibweisen, je nach Karte z. B. Es Canar, Es Caná oder Es Canya. Eine der Ursachen ist, dass „das" Standard-Katalanische zwar die offizielle Regionalsprache ist – aber kaum jemand es spricht, sondern, je nach Gebiet, Nordkatalanisch, Nordwestkatalanisch, Zentralkatalanisch, Valencianisch oder *Balearisch*, und auf Ibiza einen von dessen 5 Unterdialekten, nämlich *Eivissenc*. Die großen Reiseveranstalter allerdings verwenden in ihren Katalogen meist für die größeren Orte die spanischen Namen, für Strände und Buchten immer öfter die katalanischen.

Aussprache des Balearen-Katalanisch:
ca, que, qui, co, cu . . . *ka, ke, ki, ko, ku*
ça, ce, ci, ço, çu . . *ssa, sse, ssi, sso, ssu*
qua, qüe, qüi, quo. . *kwá, kwé, kwí, kwó*
ga, gue, gui, go, gu . . *ga, ge, gi, go, gu*
ja, jo, ju . . . . *scha, scho, schu*
 (wie in Journalist)
ge, gi . . . . . *sche, schi* (wie in Etage)
gua, güe, güi . . . . *guá, gué, gui*
ll . . . . *lj*
x, tx . . . . *sch, tsch*
tg, tj . . . . *dsch* (platja=*pladscha*)
uig, aig, oig, eig . . . *utsch, atsch, otsch, etsch* (puig=*putsch*)
z . . . . stimmhaftes *s*
ei, eu . . . . *ä-i, ä-u* (nicht ai, oi)

Telefon

Die Telefongesellschaft Telefónica ist ein postunabhängiges Unternehmen. Ihr zentrales Amt liegt in Eivissa an der Ecke C/. Canaris und C/. Aragón und ist jeden Tag, auch samstags, 8-22 Uhr geöffnet. Von dort aus oder aus einem der zahlreichen Telefon-Container, die während der Saison sogar an vielen Stränden vorhanden sind, kostet ein Gespräch von vier Minuten rund 1000 Pesetas – billiger als die meisten Handy-Gespräche. Von 22-8 Uhr ist es um 25 Prozent verbilligt, ebenso von Samstag nachmittag 14 Uhr bis Montag morgen 8 Uhr.

Die frühere Balearen-Vorwahl 971 ist jetzt fester Bestandteil der Telefonnummer und muß auch innerorts stets mitgewählt werden. Wer Ibiza oder Formentera vom Ausland aus anrufen will, wählt 0034 und dann die Telefonnummer des Teilnehmers einschließlich der 971. Bei Auslandsgesprächen wird die 0049 für Deutschland, die 0041 für die Schweiz oder die 0043 für Österreich gewählt, dann die Ortsvorwahl ohne 0 und die Nummer des gewünschten Teilnehmers. Mobiltelefonnummern beginnen nicht mit der 971, sondern mit einer 6.

Trinkgeld

In den Rechnungen der Bewirtungsbetriebe ist bereits ein Beitrag für den Service eingeschlossen. Trotzdem wird ein Trinkgeld (*propina*) von bis zu 10 % der Gesamtsumme empfohlen. Da die Löhne der Servicekräfte nicht gerade üppig ausfallen, sind sie darauf angewiesen. Bei größeren Rechnungen muss das Trinkgeld aber nicht über 300 Pesetas hinaus gehen. Gepäckträgern gibt man 100 Pesetas pro Gepäckstück, bei Taxifahrern wird der Fahrpreis aufgerundet.

REISEINFORMATIONEN / FOTOGRAFEN

Unterkunft

Es gibt alle Arten von Beherbergungen bis zu Vier-Sterne-Hotels, aber bisher nur ein Fünf-Sterne-Haus (*La Hacienda* bei Sant Joan). Das Preis-Leistungs-Verhältnis ist im Großen und Ganzen in Ordnung. Bei Beschwerden wende man sich an die Touristenbüros und die Reiseveranstalter – rechtzeitig und vor Ort, nicht erst von zu Hause aus.

Die in den Info-Boxen der regionalen Kapitel verwendeten Symbole bedeuten:
☻☻☻ = höhere bis Luxus-Klasse: das Doppelzimmer kostet ab 16 000 Pesetas (für zwei Personen).
☻☻ = Mittel: 8000 bis 16 000 Pesetas.
☻ = Einfach: bis 8000 Pesetas.

Ab der spanischen Drei-Sterne-Kategorie kann der Gast mit Klimaanlage und Satellitenfernsehen rechnen. Innerhalb dieser Sterne-Einteilung gibt es dennoch bei gleicher Kategorie deutliche Preisschwankungen, wobei die Bettenburgen an den touristisch stark frequentierten Orten preiswerter sind als im Inselinnern. Mit Abstand am günstigsten sind die Pauschalangebote der großen Reiseveranstalter: Unterkunft, Verpflegung und Flug gibt es für eine Woche ab 700 DM.

Per Gesetz mussten die meisten Hotels, Hostals und Pensionen in den letzten Jahren renoviert werden. Auf einer Tafel am Eingang tragen sie das „M" für *Hotel Modernitzat* und die Jahreszahl der Sanierung. Die offizielle Kategorisierung versteht unter (H) ein normales Hotel, in dem auch Vollpension angeboten werden kann. Ein *Hotel Residencia* (HR) versorgt seine Gäste mit Halbpension, besitzt aber zudem ein À-la-carte-Restaurant. Unter einem Hostal (Hs) versteht man eine Pension mit Frühstück, ein *Hostal Residencia* (HsR) ist eine Pension mit Restaurant. Das Apartmenthotel (HA) besitzt Ferienwohnungen für Selbstversorger. Die *Residencia Apartamentos* (RA) ist ebenfalls für Selbstversorger gedacht, hat aber ein angeschlossenes Restaurant. Eine *Casa Huespedes* (CH) ist meist eine preiswerte Pension. Die *Fonda* (F) ist ein Landgasthof, der neben Übernachtung auch Verpflegung bietet. *Fincas* gehören oft privaten Besitzern, die ihre Landhäuser an Freunde und Bekannte vermieten. Manche Besitzer inserieren auch in den Reiseteilen deutscher Tageszeitungen und in den Insel-Gazetten. Die Agentur *Ibiza House Renting* hat sich auf die Vermittlung von Fincas als Ferienhäuser spezialisiert: C/. Avicena 1, 07800 Eivissa, Ibiza, Tel. 971 30 62 13, Fax 971 30 51 79.

Zeit

Auf den Pityusen gilt dieselbe Uhrzeit wie in Mitteleuropa. Auch gibt es auf den Inseln Sommer- und Winterzeit: Am letzten März-Wochenende werden die Uhren zurück-, am letzten Oktober-Wochenende wieder um eine Stunde vorgestellt.

Zoll

Zwar gibt es innerhalb der EU für Privatreisende keine Zollgrenzen mehr, dennoch muss auf Flughäfen mit Stichkontrollen des Zolls gerechnet werden. Es gilt die Regel, dass der Tourist nur Waren für den persönlichen Gebrauch mit sich führen darf, d. h. z. B. 800 Zigaretten, 10 l Spirituosen, 90 l Wein. Für Schweizer gelten folgende Mengenbeschränkungen: 200 Zigaretten, 1 l Spirituosen, 2 l Wein, Waren bis 200 Franken.

FOTOGRAFEN

Amberg, Gunda	55
Hackenberg, Rainer	12, 19, 22, 24L, 24R, 28, 30, 32, 38, 41, 42, 43, 50, 51, 54, 56, 57, 60, 78, 82, 83, 85
Liese, Knut	8, 13, 16, 25, 26, 49, 62, 64, 66, 67, 70, 72, 73, 75, 76, 80, 81, 84, Cover
Reimer, Michael	68, 79
Simon, Gerd	18
Stankiewicz, Thomas	48
Storck, Manfred	3, 36, 37
Taschner, Wolfgang	10, 14, 33, 39, 46
Thiele, Klaus	9, 23, 44

KLEINER SPRACHFÜHRER

Deutsch	Spanisch	Balearen-Katalanisch
Guten Morgen / Tag	*Buenos días*	Bon dia
Guten Tag (nach 12 Uhr)	*Buenas tardes*	Bona tarda
Gute Nacht	*Buenas noches*	Bona nit
Hallo (unter Freunden)	*¡Hola!*	Hola! Uèp!
Tschüss	*Adiós*	Adéu
Auf Wiedersehen	*Hasta la vista*	A reveure
Bis morgen	*Hasta mañana*	Fins demà.
Wie geht's?	*¿Qué tal?*	Com anam?
Danke!	*Gracias*	Gràcies
Bitte (bei Wunsch)	*Por favor*	Per favor, sisplau
Entschuldigung	*Perdón*	Perdó
Es tut mir Leid	*Lo siento*	Me sap greu
Ja / Nein	*Si / No*	Si / No
Bitte etwas langsamer	*Mas lento, por favor*	Més a poc a poc, per favor
Wie heißen Sie?	*¿Cómo se llama Usted?*	Com et dius?
Ich heiße ...	*Me llamo ...*	Me diuen ...
Wie komme ich ...?	*¿Cómo llego a ...?*	Com s'hi va a ...?
Wo gibt es ...?	*¿Donde hay ...?*	On puc trobar ...?
Wo sind die Toiletten?	*¿Donde hay los baños?*	On són es lavabos?
Wer / Wann / Wohin?	*¿Quien / Cuando / Adonde?*	Qui / Quan / Cap a on?
Was?	*¿Qué?*	Què?
Wieviel kostet ...?	*¿Cuanto cuesta ...?*	Quant costa ...?
Wieviel macht das?	*¿Cuanto es?*	Quant fa?
Wie weit ist es nach ...?	*¿Cuantos kilómetros son hasta ...?*	Com és de lluny ...?
Wie spät ist es?	*¿Qué hora es?*	Quina hora és?
gestern / heute / morgen	*ayer / hoy / mañana*	ahir / avui / demà
Sehr gut / schlecht	*muy bien / mal*	molt bo / mal
teuer / billig	*caro / barrato*	car(a) / barat(a)
Nach links / rechts	*A la izquierda / derecha*	a l'esquerra / a la dreta
oben / unten	*arriba / abajo*	dalt / a baix
Geradeaus	*Siempre derecho*	recte
Auto / Taxi	*coche / taxi*	cotxe / taxi
Schiff / Hafen	*barco / puerto*	vaixell / port
Fahrkarte	*billete*	bitlett
Hin (und zurück)	*ida (y vuelta)*	anada (i tornada)
Guten Appetit!	*¡Que aproveche!*	Bon profit!
Die Rechnung, bitte!	*¡La cuenta, por favor!*	Es compte, sisplau!
geöffnet / geschlossen	*abierto / cerrado*	obert / tancat
Postamt / Briefmarke	*Correos / sello*	Correus / segell
0 / 1 / 2	*cero / un(o) / dos*	zero / u (un, una) / dues
3 / 4 / 5	*tres / cuatro / cinco*	tres / quatre / cinc
6 / 7 / 8	*seis / siete / ocho*	sis / set / vuit
9 / 10 / 11 / 12	*nueve / diez / once / doce*	nou / deu / onze / dotze
20 / 50 / 100	*veinte / cincuenta / cien(to)*	vint / cinquanta / cent
1000 / 10 000	*mil / diez mil*	mil / deu mil

REGISTER

A

Agualandia 60
Aguamar 28
Aigua Blanca 55, 75
Amnesia 29, 44, 77

B

Badia de Portmany 41
Balàfia 50
Balearides 13

C

Café del Mar 40, 77
Cala 11
Cala Bassa 37, 41, 74
Cala Boix 56
Cala Carbó 36
Cala Codolar 37, 74
Cala Comte 37, 41
Cala Corral 37, 41
Cala d'Hort 36, 73
Cala de Benirrás 49
Cala de Sant Vicenç 54
Cala dels Moltons 49
Cala des Moro 41
Cala es Pou d'Es Lleò 56
Cala Espart 59
Cala Gració 41
Cala Jondal 32
Cala Llendia 37
Cala Llentrisca 34
Cala Llenya 57
Cala Llonga 59
Cala Mastella 56
Cala Moli 37
Cala Nova 57
Cala Olivera 59
Cala Pada 57
Cala S'Aubarca 43
Cala Salada 41
Cala Tarida 37
Cala Vedella 37
Cala Xarraca 51, 73
Cap Martinet 60
Cap Negret 43
Cap Nunó 42
Cova de Can Marçá 49
Cova de Ses Fontanelles 42
Cova Santa 32
Cova Santa Agnès 41

D

Diskotheken 29, 45, 76, 77
Divino 26, 29, 77

E

Eden 40, 77
Eivissa (Ibiza-Stadt) 17
  Aguamar 28
  Avinguda de Andenes 20
  Bora-Bora 28
  Carrer de la Virgen 20
  Casino 26
  Dalt Vila 21
  El Corsario 24
  El Divino 26, 29
  Hafen 19
  Kathedrale Mare de Deu de la Neu 24
  La Marina 19
  Marina d'Es Botafoc 26
  Mercat Vell 20
  Montesol 18
  Monument al Corsaris 19
  Museo Arqueològic 24
  Museu d'Art Contemporani 22
  Museu Monografic des Puig des Molins 27
  Pacha 26, 29
  Passeig des Moll 20
  Passeig Vara de Rey 18
  Plaça d'Es Parque 19
  Plaça de Vila 22
  Plaça del Sol 23
  Platja d'En Bossa 27
  Platja d'Es Duros 26
  Platja de Ses Figueretes 27
  Platja de Talamanca 26
  Portal de Ses Taules 22
  Sa Penya 20
  Sant Domènec 26
  Space 28, 29
  Teatro Pereira 19, 77
Eivissenc 11
El Rincón del Marino 32
Es Cubells 34
Es Paradis 40, 76, 77
Es Pins 51
Es Vedrà 34
Es Vedranell 36
Espalmador 67

F

Finca 12
Flora und Fauna 84
Formentera 63, 72
  Ca Na Costa 66
  Cala Saona 69
  Cala Savina 65
  Camí Romà 68
  Cap de Barbaria 69
  Castell Romà 68
  Cova d'En Xeroni 67
  El Pilar de la Mola 68
  Es Caló 68
  Es Pujols 66
  Far de la Mola 69
  Fira de la Mola 69
  Fonda Pepe 67
  La Savina 64
  Mirador 68
  Moli Vell de la Mola 69
  Museu Etnològic 65
  Platja de Llevant 67
  Platja de Migjorn 67
  Platja de Sa Roqueta 66
  Platja de Ses Illetes 67
  Platja de Tramuntana 68
  Salinen 67
  Sant Ferran 67
  Sant Francesc 65
  Trucadors 67

G

Garigue 85

H

Hipódromo de Sant Jordi 31
Hipódromo de Sant Rafel 44, 77
Hippiemarkt 55, 57, 69, 78

I

Illa de Tagomago 56

J

Jesús 59

K

Küche 80

L

La Canal 72
La Hacienda 49
Las Dalias 55

M

Mirador d'Es Savinar 34

N

Na Xamena 49
Nachtleben 29, 45, 76

95

REGISTER

P

Pacha 26, 29, 76, 77
Pityusen 11
Pityusen-Eidechse 85
Platja d'En Bossa 27, 75
Platja d'Es Caná 57
Platja d'Es Cavallet 31, 75
Platja d'Es Codolar 32
Platja d'Es Cubells 34
Platja d'Es Figueral 55
Platja de Ses Boques 34
Platja de Ses Figueretes 27
Platja de Ses Illetes 75
Platja de Ses Salines 31, 75
Platja S'Estanyol 59
Poblat Fenici 32
Podenco ibicenco 85
Porroig (Port Roig) 32
Port d'Es Torrent 37, 41
Port de Sant Miquel 48, 73
Port de Ses Caletes 54
Portinatx 51, 73
Privilege 29, 44, 76, 77
Punta Arabi 78

R

Roca Llisa, Golfclub 59, 74
Ruta de Falcón 72
Rutas en Mountain Bike 72

S

Sa Caleta 32
Sa Canal 32
Sa Conillera 37
Sa Talaia 33, 73
Sabina 84
Sant Agustì 38
Sant Antoni 38, 76, 77
  Acuarium Cap Blanc 41
  Café del Mar 40
  Eden 40
  Es Mercat 40
  Es Paradis 40
  Monument Al Pescador 39
  Ou den Colom 39
  Passeig de Ses Fonts 39
  Plaça de S'Església 40
  Sant Antoni Abat 39
  West End 40
Sant Carles 55
Sant Francesc 31
Sant Joan 52
Sant Jordi 31, 72
Sant Josep 33
Sant Llorenç 50, 73
Sant Mateu 43, 74
Sant Miquel 48, 73
Sant Rafel 43
Sant Vicenç 52
Santa Agnès 42
Santa Eulària 57, 74
  Alte Brücke 58
  Carrer Sant Vicent 58
  Església de Santa Eulària 58
  Marina 58
  Mercat 58
  Museu Ethnològic 58
  Passeig d'Es Riu 58
  Passeig Maritim 58
  Plaça d'Espanya 58
  Platja 58
  Puig d'En Ribes 59
  Rambla 58
  Siesta 59
Santa Gertrudis 47
Seegraswiesen 84
Ses Paisses 36
Ses Salines 31, 72
Space 29

T

Talamanca 60
Torre d'En Valls 56
Torre d'Es Molar 49
Torre de Ses Portes 32

W

Wehrtürme 50